启真馆 出品

How to Read Wittgenstein

如何阅读维特根斯坦

RAY MONK

［英］瑞·蒙克 著

徐斌 译

浙江大学出版社
ZHEJIANG UNIVERSITY PRESS

中文版序言

我很高兴我的小书《如何阅读维特根斯坦》将以中文出版。我知道，在中国，人们对维特根斯坦有很大的兴趣，而且兴趣日益浓厚。事实上，我有幸直接参与了这一兴趣的发展。2011年浙江大学出版社启真馆出版了我所写的传记《维特根斯坦传：天才之为责任》简体版。接着在2013年10月，我很荣幸应邀参加北京师范大学组织的中国维特根斯坦学会成立大会。在那次会议上，我亲眼看到了维特根斯坦对当代中国哲学的影响是多么深刻而多样化。

我希望《如何阅读维特根斯坦》中文版能够在中国读者对维特根斯坦作品的讨论中占有一席之地。它是为非专业读者而写的，旨在向这些读者介绍维特根斯坦的作品。它与其他入门书的不同之处在于它的结构。每一章都以维特根斯坦的一段相当长的引文开头，而每章的其余部分旨在通过将文本置于其思想和文化背景中进行解读。第一章通过对维特根斯坦最早发表的论文——一篇对 P. 科菲《逻辑科学》一书的尖锐评论——的讨论，介绍了他早期著作的主题。这里的重点是维特根斯坦最早对逻辑的思考，以及这在多大程度上归功于他对弗雷格和罗素著作的阅读和他在剑桥与罗素的谈话。在这之后，有四章专门讨论维特根斯坦的第一本书《逻辑哲学论》，这本书篇幅虽短却难度极大。我的目的是向读者解释这本书提出的意义理论，以及它的哲学概念。

　　在一章描述维特根斯坦为什么放弃了意义理论之后，我用了五章的篇幅来介绍他的后期工作，特别集中在《哲学研究》一书上面。我认为这部后期著作是维特根斯坦最伟大的成就，《哲学研究》是迄今为止出版的最伟大的哲学著作。我并不期望这本书的每一位读者都同意我的观点，但如果我成功地阐明了如何从这一角度来解读维特根斯坦的这部后期著作，那么我就认为自己达到了目的。

　　我希望读者喜欢这本书，并希望它能使我们进一步研究维特根斯坦异常丰富的作品。我要感谢译者徐斌，感谢他用心完成了翻译这本书的任务，也要感谢浙江大学出版社启真馆出版徐斌的劳动成果。

瑞·蒙克

2019 年 3 月 5 日

丛书编辑前言

我如何读"如何阅读"？

这套丛书基于一个非常简单但又新颖的想法。大部分伟大思想家和作家的入门指南，要么提供简略的生平介绍或者是对他们主要作品的精简概括，要么可能两者都有。相比之下，"如何阅读"除了让读者直接面对作品本身，还伴随有专家指南。其出发点是为了了解一个作家是怎么回事，你必须理解他们实际使用的词语，以及看他人解说如何阅读那些词语。

在某种程度上，这套丛书的每一本都可以当作是阅读的一种深造。每个作者会从作家的著作中挑选大约十个简短摘录，对它们进行详细解读，作为展现他们核心思想的一种方法，从而打开整个思想世界的大门。这些摘录有时会通过时间顺序来编排，以了解一个思想家随着时间而发展的思想。而有时也不是这么编排。这套丛书并非只是对一个思想家最出名之段落的汇编，即他们的"精选集"，而是提供一系列的线索或关键点，让读者继续去获得自己的发现。除了原文和解读，每一本书还提供一个简短的生平年表以及一些更进一步的阅读建议。"如何阅读"这套丛书不会声称要告诉你需要了解关于弗洛伊德、尼采和达尔文，甚或是莎士比亚和萨德侯爵的一切，但它们确实会为进一步的研究提供最好的基础。

　　与那些塑造了我们知识、文化、宗教、政治和科学图景之心灵，但却经过他人理解与转译的二手文本不同，"如何阅读"提供了一套令人耳目一新的、能够与这些心灵邂逅的一手资料。我们希望这套丛书中的每一本都能够指引道路、激发兴趣、增强胆识、鼓舞信心并带来愉悦。

西蒙·克里奇利

纽约，社会研究新学院

目录

引言

维特根斯坦（1889—1951）是举世公认的 20 世纪最为伟大
并最具影响力的哲学家之一。然后，这一公认也仅到此为止。自
其第一本书《逻辑哲学论》于 1921 年出版以来，**如何阅读**维特
根斯坦这一问题已然引发了诸多争议。应当如何解读《逻辑哲学
论》? 又应当如何解读其后期著作《哲学研究》? 而后者又在何种
程度上对前者构成否定与批判? 这些问题始终未能达成共识。

在这种情况下，出版一本名为《如何阅读维特根斯坦》的书
是极其自以为是的。我首先为这么做而道歉，并想说明白，我在
这里提供的只是阅读维特根斯坦的**一种可能性路径**。

以下从维特根斯坦著作里复制及讨论的摘录文本大体上是按
照时间顺序来编排的，我也在评论中提供一些生平细节。不过，
我们或许应当从简介开始:

维特根斯坦 1889 年出生于奥匈帝国维也纳一个非常富有的
家族。他父亲是一个几乎拥有整个奥地利钢铁工业的实业家。受
父亲影响，维特根斯坦先在柏林、后又在曼彻斯特学习工程学，
但之后开始对哲学问题产生兴趣，于是在 1911 年秋季来到了剑
桥跟随罗素学习。维特根斯坦很快便成为罗素的得意门生，并成
为罗素寄望于解决逻辑哲学中尚未得解之难题的人。1913 年，维

特根斯坦离开剑桥前往挪威独居，希望独居可以帮助自己集中注意力。他在那里待了一年，思考逻辑问题。第一次世界大战前夕回到了维也纳。

在大战期间，维特根斯坦加入了奥地利军队。战争接近尾声时，他被意大利军队俘虏。那个时候，他已经完成了《逻辑哲学论》，但这本书直到1921年才出版。维特根斯坦认为他在这本书里已经解决了所有的哲学问题，于是放弃了哲学研究，转而去做了一名小学老师。做老师的这段时间既短暂、缺乏成就感，又令人苦恼。于是在1926年，他转行成为一名建筑师。1929年，他回到剑桥再次从事哲学研究，并且确信《逻辑哲学论》终究未能为所有哲学问题提供终极解答。

从1929年直到1951年去世，维特根斯坦都在探索这门学科史上尚无先例的研究哲学的新方法。这种研究哲学的方法尽量忠实于他在《逻辑哲学论》里面所获得的深刻见解：哲学不可能是一门科学，或者类似科学的任何东西。它不是一个教义体系，而是一种行动，一种澄清因受语言迷惑所导致的困惑的行动。

在我看来，这一哲学概念是维特根斯坦对哲学最根本和最重要的贡献。

第一章 逻辑、科学和生意

《逻辑科学：对精确思想原则和科学方法的探究》，P. 科菲著，博士（鲁汶大学）。逻辑与形而上学教授，美劳斯学院。朗文，格林及公司，1912。

在任何一门学科中，作者都不能像他在哲学和逻辑上那样无视诚实的研究结果而不受任何惩罚。我们把像科菲先生的《逻辑科学：对精确思想原则和科学方法的探究》这样一本书的出版归因于这种情况：只有作为今天许多逻辑学家著作的一个典型例子，这本书才值得探讨。科菲研究的逻辑学属于经院哲学家研究的那种类型，而他犯了他们所犯的所有错误——当然有对亚里士多德的惯常援引。（亚里士多德这个名字被我们的逻辑学家们如此滥用，如果他知道这么多逻辑学家今天对逻辑的了解并不比两千年前的他更多，那么他在九泉之下也难得安宁。）科菲丝毫没有留意现代数学逻辑学家们的巨著——这些给逻辑学带来进步的著作，只有那些把天文学从占星学中脱离出来和把化学从炼金术中脱离出来的著作才能与之相提并论。

像许多逻辑学家一样，科菲先生以一种不明确表达自己的方式获取了巨大的优势；因为如果你不能分辨他的意思是"是"还是"不是"，就很难与他辩论。但是，即使是通过他如此含糊的表达，我们也能看出其中许多严重的错误。我打算把一些最显眼的错误列出来，建议逻辑学的学生去考察这些错误以及它们在其他关于逻辑学的书里面所造成的后果。（方括号里面的数字表示科菲著作的页码——在第一卷中——错误第一次出现的地方；说明性的例子是我自己的。）

I.　　［36］作者相信所有命题都是主谓形式。

II.　　［31］他相信当实在成为思想之对象时会发生改变。

III.　　［6］他将谓词"is"和表身份的"is"混淆了。（"is"这个词在命题中显然具有不同的意义——"二二得四"［Twice two is four］与"苏格拉底是可朽的"［Socrates is mortal］。）

IV.　　［46］他混淆了事物和它们所属之集合（class）。（一个人显然与人类有明显不同。）

V.　　［48］他混淆了集合与复合物（complex）。（人类是一个其构成元素为人的集合；但图书馆并不是一个以书为构成元素的集合，因为书只有通过与其他书建立某种空间性的关系，才能成为图书馆的一部分——而集合无关于其成员间的关系。）

VI.　　［47］他混淆了复合物与总和（sum）。（二加二等于四，但四并不是二及其自身的复合物。）

这个错误列表可以扩展很多。

像这样的一本书，其最坏之处是让明智之士对学习逻辑抱有成见。

（《剑桥评论》，1913）

维特根斯坦发表的作品极少。在他一生之中,他只出版过一本书,发表过一篇文章和一篇书评。这(以上)就是那篇书评,于1913年发表在剑桥的大学生杂志《剑桥评论》上,也是他第一次发表的东西。那时维特根斯坦是剑桥三一学院哲学系的学生,第二年的学业读到一半。不过,从许多方面来说,把这时候的他看作一个本科生是有误导性的,或者,无论如何,认为他在任何意义上是一个"普通的"本科生是有误导性的。首先,他当时24岁,比一般的二年级本科生要大几岁,来剑桥之前他已经在曼彻斯特学习了三年的工程学。另外,他已经凭自己努力,被当时最有影响力的两位哲学家 G. E. 摩尔和罗素视为一位重要的哲学家。确实,当他的姐姐赫尔梅娜在1912年夏季去剑桥看他的时候,他在那里学习还不到一年,罗素告诉她:"我们期待你弟弟在哲学上迈出下一大步。"

罗素的言下之意是,维特根斯坦并没有修读过传统的哲学本科课程。他上罗素的课,有时也上摩尔和其他剑桥哲学家的课,但没有什么可以表明他曾认真考虑过要参加任何考试。他的正式身份是本科生,但他认为自己,更值得注意的是其他人也这么认为,他不是一位哲学学生,而是一位具有原创性的哲学家,试图为这门学科最前沿的问题提供新的解决方法。

我认为,以维特根斯坦当时的情况,剑桥很有可能是世界上唯一一所愿意录取他的大学。如果他为了去牛津、维也纳、柏林、巴黎、哈佛或当时其他任何一所顶尖大学学习哲学,而中断工程技术学的学习,他在头一关就会碰壁,极有可能被拒绝,因为他对除了弗雷格和罗素之外的哲学家的著作几乎一无所知。而且，即使他克服了这个阻碍，他也要被迫去做他实际上这一生也没有做的事情，也即去阅读先哲的著作。他只有在证明自己对柏拉图、亚里士多德、笛卡儿、莱布尼兹、休谟等人有一些了解之后，才会被允许作为研究生去致力于自己的研究。

值得称赞的是，对维特根斯坦而言，在剑桥大学，引起了罗素的注意并得到他的欣赏是他能够直接进入最后阶段的唯一要求。在这一阶段，他只需要花时间去尝试解决哲学问题，而不是去学习以前的哲学家如何尝试解决它们。在 1911 年的圣米迦勒（秋季）学期，维特根斯坦做到了这一点。他在没有任何预先提醒的情况下，就来到罗素的课堂上听他讲授并与他争论逻辑问题。罗素在决定是否收这个年轻怪异的奥地利人为徒时，并没有问他对过去伟大哲学家的著作了解多少；罗素让他就某一感兴趣的哲学问题写些东西。关于维特根斯坦写了些什么，历史上并无存证，但它足以让罗素确信维特根斯坦的思考是严肃而有趣的。六个月后，他寄望维特根斯坦在哲学上迈出下一大步。

维特根斯坦关于科菲《逻辑科学》的评论写于他和罗素两人关系的过渡时期。维特根斯坦在剑桥的第一年就成为罗素的得意门生，罗素对他寄予最大的期望。然而到了 1913 年，罗素完全不再把维特根斯坦当作一个学生看待，而是开始在逻辑问题上听从维特根斯坦。同年夏季，即写完这篇书评的几个月后，罗素对维特根斯坦的遵从态度对罗素自身的思想发展带来了毁灭性的后果。当维特根斯坦极其严厉地批评他正在写的一本书的初稿时，罗素深信，至少是暂时地，他对哲学的基本问题不会再有任何更进一步的贡献。

　　然而，尽管如此，这篇评论比起维特根斯坦写的其他东西，
更带有罗素门生所著的印记。由于他们之间的对立，无论是智识
上的还是私人的，在接下来的几年间愈发严重，人们便习惯于强
调他们之间的分歧，而忘记了——如这篇书评清晰地显示——维
特根斯坦不仅曾一度是罗素思想的信徒，而且也是这些思想的坚
定拥护者。这样看来，虽然无可否认这是一篇微不足道的简短书
评，本身没有重大意义，但它为维特根斯坦的著作提供了一个很
好的引言，既提供了他思考逻辑的学术背景，也有助于人们避免
了一种解释上的错误：即认为维特根斯坦的著作应该总是与罗素
的著作进行对比阅读。在这篇书评里我们看到的是，维特根斯坦 8
以他掌握的相当强的辩论能力，与罗素**并肩**战斗。

　　维特根斯坦抨击的对象是不幸的科菲教授，一个已被遗忘的
人物，在世时默默无闻，而现在除了作为一本书的作者之外，其
他什么都不为人所知，而这本书的唯一特点就是维特根斯坦对它
的评价充满极端的敌意。科菲是一名爱尔兰天主教徒，他在《逻
辑科学》序言里声明自己是亚里士多德/经院学派逻辑体系优越
于其所谓的"现在确实很流行的其他体系"的辩护人。有可能他
是指弗雷格和罗素的"新逻辑"，虽然他实际上从未指名道姓提起
过他们两位（因此有了维特根斯坦对他的指责："他丝毫也不留意
现代数学逻辑学家的巨著"）。更有可能的是，他在想着由凯恩斯、
维恩、德·摩根、杰文斯、密尔和休厄尔发展起来的各种逻辑体
系。他在为亚里士多德体系辩护的过程中**确实**讨论过所有这些逻
辑学家。不管他为亚里士多德逻辑学辩护什么，跟谁辩护，他的
辩护都没有给他带来欣赏他的人，支持他的人甚至更少。

　　在《心灵》——英国顶尖的哲学期刊，可视为英国哲学权威代表——的一篇评论中，科菲的书因其"挑衅的神学观"而受到批评。即便在 1913 年，大部分逻辑学家和哲学家也都觉得这本书离奇的守旧。但是，很明显，从维特根斯坦的评论来看，他对这本书本身并不是特别感兴趣（"只有作为今天许多逻辑学家著作的一个典型例子，它才值得去讨论"）；而他感兴趣的是，这篇评论让他有机会阐述自己的信念：弗雷格和罗素有关逻辑学的著作，与传统的亚里士多德体系相比，是一个巨大的进步。这个进步，只有把天文学从占星学脱离出来和把化学从炼金术脱离出来的进步可与之相提并论。

　　这是一项非常重大的声明，不仅在于它对现代数学逻辑学的赞美，还在于它对亚里士多德逻辑体系的贬低。毕竟，该体系一向被视为西方文明最伟大的思想丰碑之一。两千多年以来，在研究院、大学和修道院传授和研究的逻辑体系基本上都是亚里士多德建立的。长期占统治地位的该逻辑体系对相关科学和文化的唯一贡献是欧几里得的几何学，在 19 世纪中期非欧几何建立之前，欧氏几何一直在这个领域里占统治地位。亚里士多德的逻辑学占统治地位的时间稍微长一些，到 20 世纪的第一个十年才结束——此时恰逢维特根斯坦决定把哲学，而不是工程学当作自己未来的职业。

　　像克努特国王一样，科菲为捍卫亚里士多德逻辑学，对抗现代数学的野蛮部落，试图阻挡一股势不可挡的潮流。这股潮流的文化影响可能比最初看起来的要更为广泛。像大多数研究亚里士多德逻辑学的专家那样，科菲并非一位科学家或数学家，而是一位学过拉丁语和希腊语的古典学者，几乎没有或根本没有受过科学教育。他为捍卫亚里士多德而反对凯恩斯、维恩、德·摩根、杰文斯、密尔和休厄尔等人——他们要么是科学家，要么是受过科学教育的人。亚里士多德逻辑学的最后终结，标志着作为一门学科的逻辑学已经面临这一时刻，即从受过古典学教育的学者之手转至数学家手中。20世纪逻辑学所取得的每一个重大进步，都是由那些具有数学背景的人来完成的；而在此之前，研究逻辑学是具有身份地位的学者的专属工作。"像这样的书的最坏之处是让有识之士对学习逻辑学抱有偏见"，维特根斯坦在评论的结尾如是而言。我想"有识之士"是指那些受过科学教育的人。他指出，只要像科菲这样的人出版关于"逻辑科学"的书而没有人管，真正的科学家就不会去碰逻辑学。

　　从传统的角度来看，即使维特根斯坦没有受过多少哲学训练，如果人们想去了解罗素为什么支持维特根斯坦的哲学抱负，考察他在对科菲的评论中所体现出的更为宽泛的在人文方面的奋斗是有所帮助的。罗素在认识维特根斯坦之前的一段时间已经是其所谓"哲学的科学方法"的倡导者。其观点为，哲学的进步是通过一种曾经推动了数学和物理的进步的"精确思考"而取得的，因此哲学应该招收有一些数学能力而不是受过古典学教育的学生来把哲学做好。当他跟维特根斯坦这位受过科学教育和对数学逻辑有着浓厚兴趣的年轻人相识的时候，他认为他已找到了理想的人选。如他在写给情人奥托琳·莫雷尔的信里所说：

　　我相信某一类数学家比大多数从事哲学的人具有多得多的哲学

才能。到目前为止，被哲学所吸引的人主要是那些喜欢宏大归纳的人，而这些归纳又是错误的，所以很少有思维缜密的人会从事这门学科的研究。很久以来我的一个梦想是要成立一个伟大的有数学头脑的哲学家学派，但我不知道会不会得以实现。我对诺顿有所期望，但他体格不行；布罗德没有问题，但没有基本的原创力。维特根斯坦很自然地正是我理想的人选。

在接下来的几年，维特根斯坦对罗素所谓的"科学观点"的强烈否认，让罗素感到意外又失望。但在 1913 年，一切看起来仿佛维特根斯坦就是罗素正在寻找的、为哲学研究注入科学之严谨这一运动中的得力助手。

诚然，维特根斯坦在这篇极其尖刻、自信、教化的评论中，对科菲——及其捍卫的整个学术传统——毫不留情。维特根斯坦在这篇评论中不是详尽讨论科菲这本书的优点和缺点，取而代之的是把科菲刻画成用一种懒散又过时的方法来研究逻辑学的代表。科菲觉得，以亚里士多德的名义，可以"罔顾诚实研究的结果"，反复重申"现代数理逻辑学家的巨著"所展示的只是"严重的错误"。

维特根斯坦抨击科菲所犯的所有这六个"错误"都跟忽视弗雷格和罗素著作的某些方面有关。第一个错误（"作者认为所有命题都属于主谓形式"）会引出一个罗素很久以来就一直深切关注的问题。就在他 1900 年关于莱布尼茨的著作的开头，他声明："所有成熟的哲学应该由分析命题开始，这是一个非常明显而不需要论证的事实。"贯穿罗素这本书的主题是，莱布尼茨关于形而上学的错误观点是可以追溯到关于命题的一个错误假设，即维特根斯坦所抨击的科菲的那个假设：每一个命题都有一个主语和一个谓语。罗素认为，假设所有命题都是主谓形式，就会导致这么一个看法：所有**真理**都属于主谓形式。相应地，它会让人想象这个世界只由两种"事物"构成：对象（与主语对应）和属性（与谓语对应）。

罗素认为，除了对象和属性之外，世界也包含了**关系**，承认这一点具有重大的哲学意义。如"约翰比他爸爸高"和"16 的平方根是 4"这样的命题必须理解为对两个对象的关系的断定，而不是对一个对象的属性的断定。但是，这样去理解它们，需要打破由亚里士多德式逻辑学强加于命题之上的主谓形式的束缚。弗雷格和罗素的逻辑学把命题当作**函项**，取得了这个突破。"函项"这个词在这里是用来有意识地暗示它起源于数学。那么，正如当 $x=4$ 时，数学函数 x^2 的值是 16，以及当 $x=5$ 时 x^2 的值是 25，因此，"x 比 y 高"这个**命题函项**就有"真值"，当 $x=$ 约翰且 $y=$ 他父亲时，它就是**真的**，而当 $x=$ 他父亲且 $y=$ 约翰时，它就是**假的**。

与命题函项的概念相关的是**类别**的概念——该概念是弗雷格和罗素发展起来的逻辑的核心。类别是一个命题函项的外延，即事物的集合体。当这个集合体被假定为函项中变项的值，它就会成为真命题。比如，"x 是一个男人"这个函项的外延是男人的类别。维特根斯坦抨击科菲的第四、第五和第六个错误全部跟误解弗雷格和罗素逻辑学中使用的类别概念有关。至于其他错误，第二个只有在弗雷格和罗素所信奉的那种哲学实在论恰巧是真的的情况下才是一个错误。第三个（在"是"这一词的两种用法之间的混淆）错误再次提出一个接近罗素哲学核心的观点，也是维特根斯坦在论证现代数学逻辑优于亚里士多德逻辑时反复援引的观点。

总而言之，这篇评论显示了维特根斯坦在其哲学生涯伊始就是一个特别好战的、弗雷格和罗素逻辑学的坚定拥护者。它也反映了体现维特根斯坦一生事业特色的哲学观点。

首先，这篇评论表明维特根斯坦认为逻辑学是哲学的核心，这与在他之前的弗雷格和罗素相同。确实，对他来说，哲学仅仅**是**理解逻辑学的一种尝试。其次，它表明维特根斯坦是多么认真地看待这一观点——弗雷格和罗素的著作**取代了**先前的逻辑学（因此也是哲学）著作，甚至到了认为先前的这本逻辑学著作根本不值一读和探讨的地步。维特根斯坦经常跟朋友透露（或者也可以说"吹牛"）他从来没有读过亚里士多德一个字。显然，他觉得没必要。如果弗雷格和罗素的著作真正地给逻辑学带来了进步，就像那些把天文学从占星术中脱离出来、把化学从炼金术中脱离出来的著作一样，那么亚里士多德的著作——如同笛卡儿、莱布尼茨、斯宾诺莎、洛克、休谟、黑格尔和密尔（维特根斯坦从未阅读过其中任何一位）的著作——就像中世纪炼金术士的著作一样过时。

在后期的生活中，维特根斯坦的这种态度稍有缓和，他显然很细心认真地阅读了譬如柏拉图和康德的著作，但事实仍然是，没有一个大哲学家像维特根斯坦这样对这门学科的历史如此不了解。他没有受过几乎所有其他哲学家都有过的哲学教育，而很多

14

人认为对这门学科发表有意义的言论的一个前提是要受过哲学教育。从一开始，维特根斯坦对待哲学的态度就跟学术机构中的那些职业哲学家的普遍看法很不一样。他认为哲学首先不是一门学科，更不是一份职业。对他来说，哲学是解决哲学问题的行动。他曾经说，正如他的父亲是个生意人，因此他也采取了做生意的态度来对待哲学。他想**澄清**哲学问题，就像一个生意人将他的办公桌清理干净那样。

第二章　用三个字澄清哲学

　　这本书也许只有那些自己曾经思考过这本书中表达的思想，或至少类似这一思想的人才会理解。因此它不是一本教科书。如果它让读懂了它的人感到愉悦，它的目的也就达到了。

　　这本书讨论哲学问题，并且我认为这本书表明，这些问题之所以提出，乃是基于我们对自己语言逻辑的误解。这本书的全部意义可以用一句话概括：凡是可以说的东西都可以说得清楚；对于不能谈论的东西必须保持沉默。

　　因此本书想要为思想划一个界限，或者毋宁说，不是为思想而是为思想的表达划一个界限：因为要为思想划一个界限，我们就必须能够想到这界限的两边（这样我们就必须能够想那不能想的东西）。

　　因此这界限只能在语言中来划分，而处在界限那一边的东西就纯粹是无意义的东西。

　　我的努力与别的哲学家符合到何种程度，我不想加以判断。的确，我在这里所写的在细节上并不要求创新；而我之所以没有指明思想来源，是因为我思考的东西是否已为别人先行思考过，于我是无关紧要的事情。

　　我只想提到，我受惠于弗雷格的巨著和我的朋友罗素先生的著作，它们在很大程度上激发了我的思想。

如果这本书有某种价值，就在于两点：第一是书中表达了一些思想，因此这些思想表达得愈好，愈能说到点子上，它的价值也愈大。——这里我意识到离可能做到的还相差很远。这完全是因为我的能力太小，不足以完成这项任务。——希望有别人来完成得更好些。

另一方面，这里所传达的思想的真理性，在我看来是无可辩驳的和确定的。因此我认为，问题从根本上已获得最终的解决。而且，如果我这样认为没有错，那么这本书的价值所在的第二点就是，它表明了当这些问题获致解决时，所做的事情是多么少。

（《逻辑哲学论》前言，1921）

1921年，即维特根斯坦发表关于科菲《逻辑科学》之评论的八年后，他出版了他第一本也是唯一一本著作。正如前言所清晰表明的，这本书被认为是对哲学问题的最终定论，是哲学的终结。（而且非常确凿的是，当他完成这本书时，他就放弃了哲学。此书出版六年后，他才回归哲学，其时他确信，这本书终究不是有关哲学的最终定论。）

罗素曾梦想建立一个精于数学思维的哲学家学派，这些哲学家的"精确的思维"可以抵制"宏大归纳"（big generalization）的诱惑，而所有这些"宏大归纳"都是错误的。维特根斯坦——这个罗素视为其梦想化身的人——所写的是这样一本书，其不仅力图回避"宏大归纳"，还力图回避任何对哲学传统所提出的哲学问题的回答。我们不是通过对老问题提供新答案来澄清哲学，来彻底解决哲学问题，而是显示那些老问题是不合语法的，它们只不过是由于"对我们语言逻辑的误解"所导致的。

罗素已经表明——或者试图表明——莱布尼茨的形而上学观点是基于对命题性质的错误理解；而维特根斯坦想表明，**所有**哲学观点都是源于对命题性质的错误理解。确实，哲学家们提出的这些问题正是源于这样的误解。试图回答一个哲学问题就已经是犯下了一个"严重的错误"，这也正是科菲在为亚里士多德逻辑学辩护时所犯的那种错误。要避免误解，所需要的是正确理解我们语言的逻辑。一旦有了**这一点**，就不会产生哲学问题，因为我们可以看到，任何提出——更不用说要回答——哲学问题的诱惑都来自于对我们语言逻辑的困惑。在可以思考和不可以思考的东西之间、在有意义和无意义之间划出一个界限，我们可以看到，按传统所构想的整个哲学会处在错误的那一边。按这种方式，"宏大归纳"就会显示为非假，但却是无意义的。

但是等等，所有哲学问题都是基于对我们语言逻辑的误解，这一观点**本身**不就是一个"宏大归纳"吗？那么我们就必须认为**这一观点**是无意义的吗？维特根斯坦在《逻辑哲学论》的前言里提到了这个问题，他说：

> 因此本书想要为思想划一个界限，或者毋宁说，不是为思想而是为思想的表达划一个界限：因为要为思想划一个界限，我们就必须能够想到这界限的两边（这样我们就必须能够想那不能想的东西）。

因此这界限只能在语言中来划分，而处在界限那一边的东西就纯粹是无意义的东西。

但是，这种解决问题的方式只不过是回避了困难。他承认，为了给思想划一个界限，我们必须装作要考虑到界限的两边，从而装作能够思考不能思考的东西，但他似乎否认同样的事情也适用于思想的**表达**。如果我们**在语言中**给可以表达的东西划一个界限，然后在有意义和无意义之间划一条线，那我们的"线"——那个界限的表达——又当属于界限的哪一边呢？就像之前我们必须思考不能思考的东西，我们现在不是就必须表达不能表达的东西吗？

维特根斯坦在《逻辑哲学论》的正文里直接处理这个问题，并得出一个意外的结论：这本书试图表达不能表达的东西，所以，它是无意义的。

我的命题以下列方式加以说明：任何理解我的人，当他使用这些命题——作为阶梯——越过它们往上爬，最终都会意识到它们是无意义的。（可以说，在他爬上去后，必须把梯子扔掉。）他必须超越这些命题，然后他就会正确看世界。

19

因此，《逻辑哲学论》提出的观点似乎是**所有**哲学命题都是无意义的——包括《逻辑哲学论》里面的命题。我们想起了《道德经》的第一句话，它说："道可道，非常道。"

对罗素来说，当他得知他的得意门生、他"梦想"的有科学头脑的哲学家的化身终于写出了一本书时，这有点令罗素感到震惊和失望，因为在这本书的核心部位有着一个神秘的悖论。在给该书写的导言中，罗素称赞该书取得的成就及其重要性，充满溢美之词。但是，当他讨论到维特根斯坦关于逻辑学和哲学（甚至那些无可辩驳和确定的）真理是不可表达的这一明确的观点时，他表达了自己的反对。"造成犹豫的原因，"罗素说，"是这一事实：维特根斯坦设法说了很多不能说的东西。"

在这本书出版的前两年，当罗素第一次读它时，他去信问维特根斯坦关于此书的一些问题。维特根斯坦有点不那么情愿地回答了罗素的问题，但他最关心的、向罗素强调的是说与显示之间的区别的重要性：

> 现在我恐怕你没有真正抓住我的主要观点，逻辑命题的整体工作只不过是推论。主要观点是可以通过命题表达的理论——通过语言——（以及同样的，可以想的东西）以及不能通过命题来表达而只能显示的东西；我相信这才是哲学的主要问题。

20

在这本书中，维特根斯坦说："可以显示的东西，不可说。"

这是否意味着维特根斯坦认为他在前言里所主张的、在书里"传达"的"无可辩驳的和确定的"真理是通过显示而不是说来传达？罗素就是这样理解他的。罗素在导言中说：

> 例如，伦理学的整个主题被维特根斯坦放置到了一个神秘的、不可表达的地带。尽管如此，他还是有能力传达他的伦理观点。

他的辩解是他称之为神秘的东西可以显示，但不能言说。这个辩
解可能有效，但从我看来，我坦陈它给我某种理智上的不适感。

帮忙翻译《逻辑哲学论》的一个年轻的剑桥哲学家弗兰克·拉姆
塞是此书最有见地、最热情的崇拜者之一，他说得更为直截了
当。拉姆塞曾评注，"对于不能说的，就不能说，也不能通过吹
口哨来说"。

最近，有关维特根斯坦是否**在**试图通过"吹口哨"来表达不
能加以言说的、试图**显示**而不是陈述哲学真理这一问题，在其众
多解读者中产生了越来越强烈的怀疑。两位重要的维特根斯坦学
者詹姆斯·科南特和柯拉·黛蒙德对《逻辑哲学论》展开了一种
不同的阅读方法，试图摆脱曾让罗素和拉姆塞苦恼不已的悖论。在
他们看来，如果我们认为维特根斯坦相信书中的命题（1）表达无
可辩驳的和确定的真理以及（2）是无意义的，那么就没有办法真
正理解这本书。确实，他们认为，一个无意义的命题没有**任何**指
谓，因此无论如何也不能表达一个真理，不管是不是无可辩驳的
真理。他们还认为，无意义既不能说也不能显示任何东西。他们
相信，在《逻辑哲学论》书中看上去像在试图表达哲学真理的命
题实际上是——也是维特根斯坦意欲为之——完全无意义的。因
此，科南特和黛蒙德认为，这些命题没有说任何东西，也没有显
示任何东西。

然而，就他们的阅读而言，这本书还是设法传达了一个关
于哲学的无可辩驳和确定的真理，即任何在哲学层面言说某事物
的尝试，结果都将归于无意义。这本书通过如下方式达成这一

21

目的，让读者看到本书自身的命题是无意义的，以及它们之所以无意义，是**因为**它们试图在哲学上言说某事物。这种解读为避开某种悖论——也是对本书进行"标准"阅读[①]范式的重点与核心——提供了一种巧妙的方法。可惜的是，让它与这本书本身的文本相符是极其困难的，与维特根斯坦在写这本书时所说与所写的其他东西相符也是极其困难的，这些东西似乎要说明，维特根斯坦的确认为一个人可以通过要么对真理保持沉默，要么说确切而言无意义的东西来**显示**深刻的真理。

在《逻辑哲学论》的结尾处，维特根斯坦说："的确有不能表达的东西。这种东西是自身**显示**出来的。它是神秘的东西。"在那些"显示自身"的东西当中，有伦理学、美学、宗教、人生的意义、逻辑和哲学。在所有这些领域中，维特根斯坦似乎都认为，真理确实存在，但这些真理没有一个能用语言表达出来；它们都必须被显示出来，而不是说出来。

可以说的和只可以显示的之间的区别——维特根斯坦在给罗素的信中称为本书的"要点"和"哲学的基本问题"——第一次以书面的形式出现在 1914 年春季维特根斯坦向摩尔口述的关于逻辑的笔记中。不过，那时候，它只是被应用于逻辑学之上，没有被应用到伦理学、美学、宗教和生命的意义这些领域上。因

① 标准阅读（standard reading），即传统阅读，通常指牛津重要的维特根斯坦学者皮特·哈克（Peter Hacker）的解读；与之相对的是 20 世纪 80 年代发展起来的新维特根斯坦派，指美国学者科南特和黛蒙德的解读。这两个阅读策略阵营在无意义（nonsense）、说与显示（saying and showing）、不可说的东西（the unsayable or the ineffable，指《逻辑哲学论》书中隐含的伦理观点 6.421：显然，伦理学是不可说的；伦理学是超验的）这几个方面有不同的解读。——译者注

此，维特根斯坦向罗素所描述的、针对其书中要点的"唯一推论"，实际上就是这一区别的最初来源。大约两年后，当他继续写他的书时，维特根斯坦想到要把这一区别延伸到其他领域。当时他正在俄国的前线为奥地利军队战斗。

维特根斯坦对他正在写的这本书的构思在第一次世界大战期间有相当大的转变。在战前他认为自己是在写一本关于逻辑学的书；而在战后，他认为自己写完了一本核心要点从根本上讲是**伦理的书**。在写给一个有意向的出版商路德维希·冯·费克的信中，维特根斯坦提醒他说，该书很难懂，冯·费克很大可能读不懂，因为"内容对你来说很陌生"。但是，他也补充说：

> 实际上，它于你并不陌生，因为书中的论点关乎伦理。我曾经想过在"前言"里加几句话，这几句话目前实际上是没有的。我现在写给你，因为它们对你来说可能很关键。我想说，这本书由两部分组成：一部分是这本书里的，另一部分是还没有写的。准确地说，第二部分才是重要部分，因为在某种程度上伦理由这本书从内部划定界限；而且我深信，严格来说，它也**只能**这样被划定界限。简而言之，今天很多人**叽里咕噜**说的所有东西，我在书里明确表示要对它保持沉默。因此，除非是我弄错，这本书会有很多你自己也想说的东西可说，但你可能不会留意到书里已经说了。眼下我会建议你读**前言**和**结尾部分**，因为它们最直接地表达了这一点。

23

这似乎跟维特根斯坦对罗素提及的本书的"要点"相关。其要点是要回答哲学的基本问题，即可表达性的边界在何处的问题。对这个问题给出一个他认为是无可辩驳和确定的真正答案后，他相信自己已经澄清了哲学的**所有**问题，尤其是为伦理划了范围。在逻辑学和伦理学中，它们的核心要点都是一样的，可以总结为在书中出现过两次（一次出现于前言中，另一次则作为全书的结尾）的一句话："对于不可说的东西我们必须保持沉默。"

《逻辑哲学论》的终稿是一个奇怪的混合物，混合了一本书、一篇关于逻辑的论文**以及**对于某种满含神秘主义之观点的表达。接近1919年年尾，六年没有见过维特根斯坦的罗素在荷兰用了一周的时间跟他一起逐句通读《逻辑哲学论》。他震惊于战争经历给这位"梦想中的"学生带来的转变。"我在他的书里面感觉到了神秘主义的味道，"他写信给奥托琳·莫雷尔说：

24　　　　但当我发现他已变成一个彻底的神秘主义者时，我非常震惊。他读克尔凯郭尔和安格鲁斯·西里修斯，他还很认真地考虑想去做僧侣。这一切都是因威廉·詹姆斯的《宗教经验种种》而起，并在战前独自在挪威过冬时进一步发展（并非不自然地），那时他几乎疯掉了。接着在战争期间，发生了一件奇怪的事。他去加利西亚省①的塔诺夫镇执勤，刚好路过一家书店，但书店里除了明信片之外什么都没有。不过，他走进书店，发现里面只有一本书：《托尔斯泰论福音书》。他把书买下，但仅仅是因为没有其他书可选。他

---

① 西班牙西北部一省。——译者注

读了这本书，反复读，从那时起，不管是在炮火之下还是其他时间，这本书就一直伴随着他。但是，总体来说，他喜欢陀思妥耶威斯基［Dostoewski，原文如此］（尤其是《卡拉马佐夫兄弟》）多过托尔斯泰。他已经深入到神秘主义的思维和感觉方式之中，但我认为（虽然他不同意）神秘主义最让他着迷的东西是它那种让他停止思考的力量。

在战争期间，就在他的研究领域从逻辑学扩大到伦理学、宗教和人生意义的时候，维特根斯坦结识了一位亲密的朋友，正如罗素当初支持维特根斯坦的逻辑研究一样，这位朋友怀着同样的热情支持维特根斯坦的神秘主义。他叫保罗·恩格曼。在维特根斯坦逝世后，恩格曼出版了他与维特根斯坦的往来信件，连同一篇回忆录。他出版这些东西的目的是支持一种阅读《逻辑哲学论》的方法，这种方法对神秘主义的重视与对书中逻辑理论的重视同样甚或更多。关于罗素给这本书写的导言，恩格曼说："［它］可以被视为这本书虽然迄今仍被认为是在逻辑学领域中具有决定性意义的重要事件，但却未能在更宽泛的层面上被理解为一本哲学著作的主要原因之一"。 25

与恩格曼的往来信件确实有助于我们理解维特根斯坦的神秘主义。例如，在1917年4月，恩格曼给维特根斯坦寄去一首诗人乌兰德[①]的诗歌《艾伯哈德伯爵的山楂树》[②]。这首诗很简单，没有任何润饰、道德描写甚或评论，它讲述了一个士兵的故事，在

---

① 德国诗人、语言学者。——译者注

② Count Eberhard's Hawthorn　　　艾伯哈德伯爵的山楂树
　 Count Eberhard the Bearded　　　胡子浓密的艾伯哈德伯爵
　 From Württemberg's fair land,　　从符腾堡的美丽之乡，
　 Came on a sacred journey　　　　踏上神圣之旅
　 To Palestina's strand.　　　　　　奔向巴勒斯坦海岸。

　 While he slowly rode　　　　　　当他缓缓地
　 Along a woodland way,　　　　　骑行于林间时，
　 He cut from the hawthorn bush　　从路边的山楂树丛
　 A little fresh green spray.　　　　折下一条清新的绿枝。

　 Then in his iron helm　　　　　　然后把它藏在
　 The little sprig he placed,　　　　自己的铁头盔里，
　 And bore it in the wars　　　　　一起去经历沙场
　 Then over the ocean waste.　　　　也穿越荒芜的海洋。

　 And when he reached his home,　　当他重返故乡，
　 He planted it in the earth,　　　　把它种进土壤；
　 Where little leaves and buds　　　在那里它生叶发芽
　 The gentle Spring called forth.　　温柔的春风在召唤。

　 He visited each year,　　　　　　伯爵勇敢又担当
　 The Count so brave and true,　　　每年亲自去探望，
　 And he was overjoyed　　　　　　看到它茁壮成长
　 To witness how it grew.　　　　　他欣喜若狂。

　 The Count was worn with age,　　伯爵渐渐老去
　 The sprig became a tree,　　　　　小枝也长成大树，
　 Beneath which the old man　　　　老人端坐在树下，
　 Would sit in reverie.　　　　　　陷入深深的冥想。

　 The branching arch so high,　　　弯弯的树枝高耸
　 Whose whisper is so bland,　　　　柔声细语吐芬芳
　 Reminds him of the past　　　　　唤起他从前往事
　 And Palestina's strand.　　　　　和那遥远的地方。

　　　　　　　　　　　　　　　（译文：徐斌、张宏）
　　　　　　　　　　　　　　　　　　　　——译者注

一次行动中，从一片山楂灌木<u>丛</u>中砍了一簇树枝，带回家种在他的花园里。在垂暮之年，他坐在长大了的山楂树树荫下，山楂树是他年轻的回忆。"几乎所有其他诗歌，"恩格曼写信给维特根斯坦说，"都试图表达不可表达的东西，而在这里，没有做那样的尝试，然而，正因为如此，其目的得以实现。"

维特根斯坦认同这一说法。他说，这首诗歌"的确很棒……情况就是这样：如果你不想说不可说的东西，那么**没有什么东西**会遗失。但是不可说的东西将——不可言传地（unutterably）——**包含**在已经说出的东西里面"。

很明显这成为维特根斯坦的理想：通过**不试图**表达，来表达（communicate）不可表达的东西。在《逻辑哲学论》的结尾处，在引用过的两句话中间——一句的大意是不可表达的东西会**显示**自身，另一句的大意是《逻辑哲学论》里面的命题都是无意义的，应该被看作是一个人用过之后即踢开抛弃的梯子——是以下关于**应该**如何做哲学的讨论：

> 哲学的正确方法是这样。除了可言说的东西，即自然科学的命题，也即跟哲学无关的一些事，什么都不说：当别人想说一些形而上学的东西时，始终向他说明，他没有给他命题中的某些符号赋予任何意义。这种方法对其他人来说是不能够令人满意的——他不会有那种我们在教授他哲学的感觉——但它是唯一完全正确的方法。

似乎可以从这里得出结论，如果一个人遵循"这个正确的哲

26

学方法"，那么写就一本哲学著作是根本不可能的。这样一本书就像维特根斯坦向冯·费克所描述的《逻辑哲学论》第二部分那样，这个"重要的部分"由他**尚未**写就的一切组成。换句话说，它并不存在。但是，《逻辑哲学论》一书的"第一部分"，他实实在在地写了的这个部分，很明显与他这里所描述的正确的哲学方法**不相符**。那么我们可否认为他关于应该如何（以及是否应该）把哲学写出来的观点是很明显的前后不一致呢？

换言之，当维特根斯坦书写关于哲学的**任何东西**时，是否在跟他的理想做出妥协？如果哲学像逻辑学和伦理学那样属于不可表达的东西，他不应该遵循书中两次提到的建议而对它保持沉默吗？维特根斯坦为本书所选的箴言是引用诗人屈伦伯格尔的一句话："……人所知道的而非仅从喧嚣扰嚷中听来的东西，都可以用三个词说出来。"但是，就不可表达的东西而言，即使三个词无疑也过多了。我们不应该或**不能**克制住完全不使用任何词语吗？

不过，如此受恩格曼和维特根斯坦推崇的乌兰德的诗歌还是包含了**某些**词语。只不过那些词语不是**关于**人生的意义；而是关于艾伯哈德伯爵和他的山楂树。然而，恩格曼和维特根斯坦似乎相信，正因为这首诗没有直接说出关于此诗深层意义的任何东西，因此它才设法表达了关于生命本质的不可表达这一真理。维特根斯坦曾经说过："我觉得这句话总结了我的哲学观点——哲学真的应该只被当作**诗歌创作**那样来写。"我想，他对乌兰德诗歌的喜爱，给了我们一个关于他心里在想什么的提示。如果对哲学的理解可以表达，那它跟科学知识的表达方式就不能是一样的——直接以书面语言来表述——它必须通过更类似于诗歌的语言来表述。因此，哲学家必须总是记住，他们真正想要说的东西是不能说的，它必须通过另一种方式来表达：它必须**显示**出来。通过这样的方式，正如维特根斯坦跟恩格曼说的那样，不可说的东西将会不可言传地包含在已经说出来的东西里面。

　　但是处于《逻辑哲学论》核心部位的神秘主义（当以传统的方式来阅读此书时）比这一点所表明的东西更为深邃。因为，毕竟，虽然乌兰德的诗句不是**关于**生命的意义（而是关于一棵山楂树的种植和成长），它们也不是完全无意义的。这样，它们跟构成《逻辑哲学论》的语句有着根本性的不同，维特根斯坦说，任何人如果读懂了他，都会看出书里的这些语句应该是无意义的。我想这也是科南特－黛蒙德解读的支持者最强有力的根据所在。说乌兰德的诗句除了它们所说的东西之外还显示了某些东西是一回事，而认为《逻辑哲学论》中的语句因其无意义从而即使未能说**任何东西**但却成功地显示了某些东西又是另外一回事。如果这些语句只适用于有意义的命题上，那么理解维特根斯坦关于说和显示的区分就容易得多。这时我们仍然可以理解他推崇乌兰德诗歌的原因以及他说的哲学应该当作诗歌创作（毕竟诗歌创作和科技文章的区别不在于前者是无意义的）那样来写这句话，但我们不会为这个有很大问题的观点承担责任：能通过完全没有意义的句子来显示重要的真理。

　　然而，《逻辑哲学论》有很明显的迹象表明维特根斯坦的确认为无意义的话至少在某些时候能**显示**一些不能说的东西。以他对伦理学的看法为例。一方面，他说："伦理命题不可能存在……很明显伦理学是不能表达的。伦理学是超验的。"另一方面，在书中的同一页，他又这样写道：

> 显而易见，伦理与通常意义上的奖惩没有关系。因此关于行为后果的这个问题必然是毫不相干的。至少这些后果不是什么大事。因为这个问题的提出一定有一些东西是正确的。一定有某种伦理意义上的奖惩，但这一定存在于行为本身。（同样也很清楚，奖励一定是某种令人愉快的东西，惩罚是某种令人不愉快的东西。）

如果这些话无意成为"伦理命题"，那它们应该是什么？诚然，从"与伊拉克打仗在道义上是错误的"这句话构成伦理命题的意义上来看，它们并非伦理命题，但它们似乎**是关于**伦理学的命题，**是**试图描述伦理学特征的命题。而且，在必须显示而不是说的事情当中，伦理学的特征描述不是其一吗？在给冯·费克的信里，维特根斯坦就本书的伦理意图说："今天**许多人在喋喋不休**的一切，我在书里表示要对它保持沉默。"但在上面一段，他**没有**对伦理学保持沉默；他很直接地陈述了一个特别的、反结果论的伦理学观点，一个与譬如功利主义相冲突的观点。如果伦理学和哲学两者都是"超验的"，如果两者都属于不可表达的领域，那更加不用说，**关于**伦理学的哲学观点很确定地也应该是不可表达的。因此，在维特根斯坦看来，以上的句子**必须**是无意义的，当他说"最终理解我的人会意识到它们［书里的命题］是无意义的"，他确实引起了读者的注意。然而，我想，与科南特和黛蒙德**相反**，很明显维特根斯坦认为，以上命题**试图**要说的东西确实是真的。譬如，他的确认为"伦理学一般跟奖惩无关"，但他也认为，严格来说，这个伦理真理不能说出来，而是必须显示出来。那么，这似乎就是维特根斯坦的观点：显示不能表达的东西的方式之一是通过未曾做过的尝试来表达它们；换句话说，无意义的命题——比如他自己的——的确能显示它们没有说的东西。

正在进行的、关于说/显示的区别和关于维特根斯坦是否认为可以通过无意义的命题来显示哲学真理的讨论，只是许多争议的其中之一，这些争议划分了《逻辑哲学论》不同的解读者。这些争议并不涉及细节，但它们是书中最根本的东西。它出版八十多年后，尽管有大量受其启发的二手文献，关于应该如何理解这本著作还没有形成一致的意见。它无疑是业已出版的哲学著述中最为神秘的一本：对逻辑学家来说它太过神秘化，对神秘主义者来说它太过学术化，对哲学家来说它太过诗意，对诗人来说它太过哲学，它是一本极少对读者进行让步的著作，似乎有意让人读不懂。

维特根斯坦在前言中说，"如果这本书让读懂了它的人觉得满意"，它的目的就达到了。有鉴于此，看到他特别希望与期待的**谁**读懂了它，是一件有趣而又发人深省的事。

维特根斯坦于 1918 年夏季的服役假期期间完成了这本书的定稿。他一写完这本书，就寄给出版商亚霍达。这个选择十分有趣，因为亚霍达并不是一个学术出版商，而是文学出版商，以出版维也纳讽刺作家卡尔·克劳斯的书而闻名。在 20 世纪 30 年代，维特根斯坦把克劳斯的名字，和更多我们可以想到的名字比如弗雷格和罗素一起，列入对自己的著作施以最大影响的人物名

30

单里。虽然克劳斯在英语世界中并不十分出名，但他在维也纳思想界和维特根斯坦那一代的社会精英中有着巨大的影响力。他是《火炬》杂志的编辑——主要身份还是作家。该杂志创刊于1899年，很快成为年轻一代的艺术家和维也纳知识分子的指定读物。这些人对克劳斯以无比机智和尖刻的方式嘲讽哈普斯堡当权派的虚伪，表达了由衷的钦佩。

31　　在寄书给亚霍达时，维特根斯坦似乎也希望克劳斯会收到这本书，希望克劳斯意识到自己是他在奥地利倡导一种体面、透明和正直的生活的盟友。换句话说，他希望克劳斯会理解他对冯·费克所说的、他曾经想在前言里阐明的东西：书里没有说的、但也非常重要的伦理意图。可能他甚至还希望克劳斯会在《逻辑哲学论》这本书里看到他自己的伦理观点得到了明确的表达，并意识到**这一**表达在思想和道德上都优于在文学和艺术圈中盛行的"喋喋不休"。

　　然而，如果维特根斯坦期望克劳斯读懂这本书，那他将会很失望。在休假回来一个月后，他收到亚霍达的一封信，信中说"因为专业上的原因"他们不会出版此书。维特根斯坦给许多人写了信，其中的第一个人是恩格曼。谈到此书被拒绝时，维特根斯坦说："我很想知道克劳斯怎么看这本书。"

　　如果亚霍达给克劳斯看过这本书，很有可能克劳斯根本看不懂这本书。维特根斯坦认为克劳斯非常熟悉此书的核心要点，即最重要的（关于伦理学、美学和宗教）真理是那些我们必须保持沉默的东西，但维特根斯坦证明那个要点的方式——通过分析困扰着弗雷格和罗素著作的逻辑本质问题——对他来说却是完全陌生的。

　　但是，如果这本书对克劳斯来说太专业的话，对另外一个人来说又太诗意，这个人就是维特根斯坦希望和期待能够读懂这本书的戈特洛布·弗雷格。弗雷格那时已年届七十，一个年纪颇大的老人，头脑仍然清晰，但可能不像以前那么灵活。弗雷格花了相当长的时间才对这本书给出回应。当他在 1919 年 6 月写信给维特根斯坦谈起这本书时，维特根斯坦已经作为战俘在意大利待了七个月。弗雷格的回应全部是要求澄清问题。他问维特根斯坦这个或那个词或短语是什么意思。维特根斯坦尽他所能回答了这些问题后，弗雷格又写信回来想得到更多的解释，并告诉维特根斯坦说，他不会向出版社推荐这本书，因为"内容对我来说太不清楚了"。总之，弗雷格对本书前言的第一句话就很担忧，对只有那些有同样或类似的思想的人才能理解这本书及其观点感到担忧。如果情况是这样，弗雷格告诉维特根斯坦："因而阅读这本书的乐趣并不是来自已经知道的内容，而仅仅是来自作者赋予它的特殊的形式。因此，与其说这本书是一个科学上的成就，倒不如说它是艺术上的成就；书中所说的东西与其说的方式相比就显得次要了。"收到这封信后，维特根斯坦就放弃了让弗雷格读懂这本书的任何希望。

　　维特根斯坦从克劳斯和弗雷格那里得到这些令人沮丧的回应后，才给罗素送去一本《逻辑哲学论》。罗素之前告诉过他，如果没有解释，他也看不懂这本书。收到弗雷格第二封谈论此书的信后，维特根斯坦写信给罗素说：弗雷格"看不懂这本书的任何一个字"……因此我唯一的希望是很快见到**你**，跟你解释一切，

32

因为得不到某一独立灵魂的理解是**非常**难受的！

1919 年年末的那个星期，罗素和维特根斯坦在荷兰共度，逐行解读这本书。之后，他们俩都觉得罗素对这本书有足够的理解，可以为此书写导言。但是，当维特根斯坦收到罗素的导言后，他很不满意。"导言里有那么多的东西我无法同意，"维特根斯坦告诉罗素，"既在于你批评我的地方，也在于你只是试图澄清我的观点的地方。"罗素的导言翻译成德语后，维特根斯坦无法令自己同意出版此书。"你英文文体的所有细致优雅都很明显地消失在翻译之中，"他写信给罗素，还挖苦地说，"而保留下来的只是浅薄和误解。"《逻辑哲学论》在怠延了十八个月后才出版，仅是因为维特根斯坦最终对收录罗素的导言做出了妥协（没有导言的话，任何出版商都不会碰它）。但是，也并没有什么能够证明，维特根斯坦会认为除了浅薄、误解和英文原文的优雅文体之外，罗素的导言还会包含任何其他东西。

"如果读懂本书的人能感到愉悦的话，那么这本书的目的也就达到了。"按照这一标准，在此书出版之际，尽管维特根斯坦将此书寄送给了三个他认为最有可能读懂它的人，但它的目的是否已经达到仍是一个悬而未决的问题。八十年后的今天，它也仍然是一个悬而未决的问题。

第三章 图示世界

1. 世界是一切发生的事情。 34

1.1. 世界是所有事实的总和，而不是事物的总和。

1.11. 世界是由事实所决定，并且是由全部事实所决定。

1.12. 因为事实的总和既规定发生了的事情，也规定了一切未发生的事情。

1.13. 逻辑空间中的事实就是世界。

1.2. 世界分解为事实。

1.21. 任何事情要么发生，要么不发生，其他一切则保持原样。

（《逻辑哲学论》，1921）

《逻辑哲学论》如此难懂的一个原因是其彻头彻尾的怪异风格。在哲学、科学或文学领域，以前或以后都没有著作如此写就。本书以上面引用的七个编了号的命题开头。这些编号令人气恼和困惑。当冯·费克在考虑是否要出版这本书的时候，他有点可怜巴巴地问维特根斯坦这些编号是不是必不可少。是的，它们是必不可少，维特根斯坦回答说，"因为单单这些编号就可以使 35 这本书清晰明确，没有它们，这本书就是一堆难以理解的杂乱的东西"。

维特根斯坦对读者作出的一个让步是给第一个命题作了一个脚注，他在这个脚注里解释了这些编号的重要性："标记各个命题的十进数表明这些命题的逻辑重要性和在我的叙述中对它们的强调。命题 *n*.1，*n*.2，*n*.3 等是对命题 *n* 的注解；命题 *n.m*1，*n.m*2 等是对命题 *n.m* 的注解；依此类推。"就这样，比如，命题 1.1 是对命题 1 的注解，以及命题 1.11 是对命题 1.1 的注解。

虽然这么做看起来奇怪而且陌生，但使用编号的基本理念不难把握。难以理解的是维特根斯坦以这些神谕般的声明试图表达的东西，以及它们应该如何协助以提供在序言里所承诺的东西：对所有哲学问题的一种解决方法。

理解了**这一点**，对这本书的结构有一些了解是有帮助的，因为维特根斯坦的编号安排表明了这个结构。如果我们相信维特根斯坦有关使用编号之重要性的说明的话，那么就只有七个**不是**对其他命题做出注解的命题。而这些命题，我们必须假设为维特根斯坦认为在逻辑上最为重要的那些命题。它们是：

1. 世界是一切发生的事情。

2. 发生的事情——一个事实——是诸事态的存在。

3. 事实的逻辑图像是思想。

4. 思想是有意义的命题。

5. 命题是基本命题的真值函项（基本命题是自身的真值函项）。

6. 真值函项的一般形式是 $[\bar{p}, \bar{\xi}, N(\bar{\xi})]$。

7. 对于不可说的东西，我们必须保持沉默。

暂时撇开这一事实，即如果没有大量的帮助，几乎所有这些命题都是完全理解不了的。仍然**存在**一个可以识别出来的结构：这本书首先告诉我们世界是什么，接着事实是什么，然后思想是什么，再接着是命题是什么，这部分占相当长的篇幅（命题4、5和6全都集中于这一点）。最后，它告诉我们——在序言里所描述的本书的"全部意义"——对于不能说的我们必须保持沉默。

关于命题的内容比其他内容多多少，在某种程度上被这最基本的结构遮蔽住了。因为，虽然这七个命题的每一个都有着同样的逻辑重要性，但给予它们的"注解"并不等量。比如，命题7是完全独立的一句。它恰是本书的最后一句；没有命题7.1。命题1只有仅仅六句"次命题"（上文已引述），占了不够半页的篇幅。而其他，命题2有五页的注解，命题3有八页，命题4有十八页，命题5有二十二页，命题6有十五页。命题的概念在3.1作了介绍，因此命题3（表面上看是关于思想）的八页注解，有七页是关于命题。那么，本书的大部分，大约90%是关于命题的性质。

虽然维特根斯坦在本书谈论世界、事实和思想**先于**他对命题的讨论，但是，很显然，逻辑的先在性是反过来的。维特根斯坦对这些其他事情的看法，依赖于他对命题的看法，也只有根据他对命题的看法才会讲得通。的确，维特根斯坦关于本书澄清整个哲学的主张，最终被认为是基于他的观点：整个哲学其实就是单独的一个问题——什么是命题？这反而解释了他说之前哲学问题的表述方式是基于"对我们语言逻辑的误解"之上的意思，也解释了当他说哲学问题得到解决时我们所做的事情是多么少的意

37

思。给"什么是命题？"这个问题提供一个无懈可击的真实的、确定的答案，也许看起来是一个很小的成就——维特根斯坦承认这是一个很小的成就。另外，维特根斯坦认为，我们姑且听之，这样做他就解决了**所有**的哲学问题。

　　然而，在我们讨论维特根斯坦的命题分析之前，还有关于世界、事实和思想的一小部分内容。人们也许认为，世界是一个很大的主题，但维特根斯坦讨论它的部分特别简短。整个世界，可以说，由上文引述的七个命题来处理。

　　这七个命题跟书里其他的内容一样具有革命性。如果认真对待它们，它们就会形成一个关于世界的概念，这个概念将一举消除诸多传统的形而上学。比如，想想罗素对莱布尼茨的反对：罗素相信莱布尼茨陷入了亚里士多德命题概念的圈套，认为世界是由对象和属性构成的，而忽视了世界还包含着关系这个事实。罗素也与同时代的牛津教授 F. H. 布拉德雷为这一点而争论。布拉德雷主张，如果关系存在，我们必须把它们视作一种对象。但由于它们显然不是一种对象，它们归根结底还是不存在。罗素通过认同布拉德雷第一个前提（如果关系存在，它们会是一种对象）进行反驳，但得出了相反的结论。罗素的论点是，既然关系显然**的确**存在，它们确实必须是一种对象。

　　维特根斯坦想消除所有这一类的论点（它们正是他所描述的无意义的经典例子）。他对显示和说所做的区分的最初用途之一是试图让罗素相信，对象、属性和关系的存在是那些必须显示而不是说出来的东西的其中之一。正如他在 1914 年对摩尔做口述的笔记中所说：

这个对于通过语言来显示的东西而不是说出来的东西之间的同样的区分，解释了在处理类型问题遇到困难的原因，例如关于事物、事实、属性和关系之间的［这个］区别。M 是一样**东西**，但不能**说出来**；它是无意义的；但通过符号"M"，**某样东西得到了显示**。以同样［这个］方式，**命题**是主谓命题，同样不能说出来；但它可以通过符号来得到**显示**。

当罗素与莱布尼茨和布拉德雷的意见相左，坚持认为关系就像对象和属性一样真实时，我们的语言有不同类型的词语——属于事物（对象）、属性和关系的词语——这个事实**显示**了罗素试图说的东西。维特根斯坦坚称，像这些争论并不能通过肯定关于世界的事实来解决；当我们理解了不同类型的词语在构成命题时所扮演的角色，这些争论就得到了解决——它们消失了。通过比如一个主谓命题或关系命题，把世界**显示**的东西**说出来**的任何企图，都会导致无意义。

当罗素和维特根斯坦在荷兰会面时，他们为这一点争论了特别长的时间。罗素试图说服维特根斯坦，"世界上至少有三样东西"这句话既是有意义的，也是真实的。罗素后来回忆，在这次讨论中，他拿出一张白纸，滴了三滴墨汁在上面，催促维特根斯坦承认，既然有三滴墨汁，世界上至少有三样东西，"但他断然拒绝……他会承认纸上有三点墨汁，因为那是一个有限的肯定，但他不会承认有任何东西可以对作为一个整体的世界进行言说"。世界上包含至少三样东西这个事实可以通过三滴墨汁的存在来显示，但在维特根斯坦看来，"世界上包含至少三样东西"这句话

39

跟"世界包含对象、属性和关系"这句话相比，并不是一个更有意义的命题。

《逻辑哲学论》的前两个命题是维特根斯坦试图以这样一种方式来构想这个世界，从而使这一点变得明显：争论对象、属性和关系的存在与否，是没有任何好处的。我们要把世界看作是由**事实构成**，而不是由"事物"构成。关键的区别是，事物是简单的，但事实是**可以表达的**（articulate）[1]，就像一辆铰接式（articulated）货车是可以表达的（articulate），即它有**部件**（parts）。这些部件就是维特根斯坦所谓的**对象**，但我们对对象一无所知，**除了**在它们构成事实这一范围内。事实是对应（真的）命题的东西（这也是为什么只有理解了命题是什么，才能真正理解维特根斯坦所说的"世界是事实的总和"是什么意思），而对象是对应词语的东西。一个词本身毫无意义（means nothing）。词语**指谓**（refer）对象，但只有在它们是命题的一部分的情况下才有某种意义（mean something）。有意义的语言的最小单位不是词，而是命题（喊叫"着火了！"也不例外，因为它是一个缩写的命题，是"房子着火了！"的缩略语）。由此，语言不是由词语构成，而是由命题构成；同样地，世界不是由对象构成，而是由事实构成。

当然，就像维特根斯坦向罗素坚称的那样，关于整个世界，什么也不能说，那么，本书开头的七个命题的每一个，都是说一

---

[1] articulate：原义为清楚表达的、口齿清晰的、关节相连的。在 3.141 和 3.251 论题中出现的 articulate，王平复译为"清楚表达思想"，贺绍甲译为"可以有节奏地说出的"，黄敏译为"音节清晰的"；韩林合根据德语 artikuliert 分别译为"由诸部分联结而成的"（3.141）和"明确地表达其意义的"（3.251）。——译者注

些不能说的东西的尝试，因此是无意义的。维特根斯坦明确地承认了这一点，这一点也是他的解读者的共同立场。不过，读者要为自己做决定的是这一点：维特根斯坦是否仍然认为这些命题**试图**言说的东西是真实的，抑或他是否提出这些命题是哲学家试图越过语言界限来使用语言时陷入的一种无意义？传统的解读认为是前者；科南特－黛蒙德解读认为是后者。我赞同传统的解读；在我看来，维特根斯坦真的认为，比如，世界是事实的总和，而不是事物的总和；而且，他也认为，任何把这一点**说出来**的企图（包括他自己的）都一定会导致无意义。

无论如何，他对世界的简短讨论似乎包含一个哲学观点，即向罗素等人提议，这并不是真正的问题所在。维特根斯坦认为，关于"这个世界"的争论，像所有的哲学问题一样，起因于对我们语言逻辑的误解，因此，只能通过对命题的正确分析来解决。

从对世界的讨论到他认为的**所有**问题和答案的真正所在，即命题，维特根斯坦采取的方法是通过一种**思想**的概念。 41

维特根斯坦敦促我们把世界看作是由事实构成，而不是由事物构成。他接着在命题 2.1 介绍**图示**世界的事实这一核心观点。"我们向自己图示事实，"他说，并以下列方式来解释这个观点（以下省略了一些命题）：

2.12.　图像是实在的一种模型。

2.13.　在图像中，图像的要素与对象相对应。

2.131. 在图像中，图像的要素代表对象。

2.14.　图像的要素以一定的方式相互关联而构成图像。

2.141.　图像是一个事实。

2.18.　　任何图像，无论具有什么形式，为了能够一般地以某种方式正确地或错误地描述实在，必须与实在有共同的东西，就是逻辑形式，即实在的形式。

2.181.　若图示形式为逻辑形式，图像即称为逻辑图像。

2.182.　每一个图像**同时也**是一个逻辑图像。（另一方面，例如，不是每一个图像都是一个空间图像。）

3.　　　事实的逻辑图像是思想。

3.1.　　在命题中，思想是通过一种可由感官感觉到的方式表达的。

这里我们可以看到，事实是可以表达的（articulate），这一点对维特根斯坦的分析是多么重要。事实可以被图示出来，是因为事实有诸部分（parts），它们是与组成事实的对象相对应的图像要素。维特根斯坦在一战期间就已经有了这个想法，当时他在一本杂志上读到一篇关于巴黎一起车祸的诉讼案的报道。这次车祸被做成了一个模型，呈现在法庭上。这让维特根斯坦一下子意识到，这个模型可以呈现这次车祸，是因为模型的部件（微型复制的房子、汽车、人物等）和真实的房子、汽车、人物等有着对应的关系。因此，"图像的要素是对象的代表物"。

法庭模型是一个**空间**图像，在于各模型塑像之间的空间关系体现了现实世界里汽车、人物等彼此之间的空间关系。每一次对模型要素的重新安排，在事故发生的时候事物如何发展都会产生不同的画面。但是，在每一个图像中，图像诸要素**在空间上**发生关系是没有必要的，只不过图像**包含**诸要素，这些要素可以彼此有**某种**关系。例如，如果一首曲子要表现世界的一个情景（比如，按贝多芬第六交响乐被认为是表现森林中的一次漫步那样的方式），那么通过**空间**关系（小提琴手跟管弦乐队所处的距离有多远跟它没有关系）是表现不了的，但是却可以通过时间关系来表现。时间和空间关系这两者也许会提供图像的**形式**，但不管这个图像具有什么形式，它具有一种形式这一事实就意味着它具有一种**逻辑**形式。**任何**图像，无论是什么形式，都有一种逻辑形式，也就是说（考虑到"事实的逻辑图像是思想"），每一个图像表达一种思想。一个命题是一种由感官感知到的方式来表达的思想。换句话说，一个命题是一种图像。它的意义就是它所图示的事态；事态也许在真实的世界里存在或者不存在。如果它存在，命题即真，反之，命题即假。但是，无论哪种方式，命题都图示着一种**可能的**事态。

43

第四章　什么是命题？

3.　事实的逻辑图像是思想。

……

3.1.　在命题中，思想是通过一种可由感官感觉到的方式表达的。

3.11.　我们用命题中可感知的记号（声音的或书写的，等等）作为
一种可能的情况的投影。

投影的方法就是思考命题的意义。

3.12.　我将那些用来表达思想的记号称为命题记号。一个命题就是
处在对世界的投影关系中的命题记号。

……

3.14.　命题记号的构成，在于其中的要素（字词）是以一定的方式
相互关联的。

命题记号即事实。

3.141.　命题不是字词的混合物。（就像音乐的主旋律不是音调的混
合物一样。）

命题是可以表达的。

3.142.　只有事实才能表达意义，一组名称不能表达意义。

3.143.　虽然命题记号即是事实，但是这一点却被通常的书写和印刷
的表达形式所掩盖。

因为，例如在一个印刷出来的命题中，命题记号和字词之间没有十分显著的区别。

3.1431. 如果我们设想一个命题记号是由一些空间对象（例如桌子、椅子和书本）组成，而不是由书写的记号组成，它的本质就会看得很清楚。

于是这些东西的空间分布就表达出这个命题的意义。

......

3.2. 在命题中，思想可以这样来表达，即使得命题记号的要素与思想的对象相对应。

......

3.22. 在命题中，名称代表对象。

3.221. 对象只能被命名。记号代表对象。我只能谈论对象，不能用字词把它们说出来。命题只能说事物是怎么样的，而不能说它们是什么。

......

3.25. 命题有一个而且只有一个完全的分析。

......

3.3. 只有命题才有意义；只有在命题的联系中名称才有指谓。

......

3.32. 记号是一个符号中可以由感官感知到的东西。

3.321. 因此，同一个记号（书写的或声音的，等等）可以为两个不同的符号所共有——这时两者以不同的方式来标示。

......

3.323. 在日常语言中经常碰到这样的情况，同一个词有着不同的标 　46

示方式——因此属于不同的符号——或者有着不同标示方式的两个词以表面上看起来相同的方式应用于命题当中。

例如"是"（is）这个词作为系动词出现，既作为相等的记号，也作为存在的表达式；"存在"（exist）作为类似"去"（go）这样的不及物动词出现；"同一的"（identical）作为形容词出现；我们说到**某事**，也说到**某事的**发生。

（在命题中，"Green is green"［"格林是嫉妒的"］）——第一个词是专有名称，最后一个词是形容词——这些词不仅具有不同的指谓，而且它们是**不同的符号**。）

3.324. 这样就容易发生最根本的混淆（整个哲学充满了这类混淆）。

3.325. 为了避免这类错误，我们必须使用一种能够排除这类错误的记号语言，不把同一记号用于不同的符号当中，也不以表面上相似的方式使用那些有着不同标示方式的记号：也就是说，一种遵从逻辑语法——逻辑句法的记号语言。

（罗素和弗雷格的概念记号系统就是这样一种语言，诚然，它还未能排除所有错误。）

……

4.   思想是有意义的命题。

4.001. 命题的总体即语言。

……

4.01.   命题是实在的图像。

命题是我们所想象的实在的模型。

4.011. 乍看起来，一个命题——例如印在纸上的某个命题——似乎不像是它所论及的实在的图像。但是书写的音符乍看起来也

不像是一首乐曲的图像，我们的声音记号（字母）也不像是　47
我们口语的图像。

但是，即使在通常的意义上，这些记号语言证明它们是所表
现的东西的图像。

（《逻辑哲学论》，1921）

在《逻辑哲学论》的前些部分，维特根斯坦证实了**思想**是实
在的图像，是一个**逻辑**图像。一个命题也是一个图像；的确，一
个命题是一种已经表达出来的思想。在本书的以上部分，维特根
斯坦对**记号**和**符号**作了区分。命题记号是一张纸上的标记、嘴巴
发出的声音等等的集合物，它们组成了用来表达思想的言说或书
写的词语。因此，记号是物理的东西，是可以感知的东西。而符
号是与用来表达同样思想的所有记号所共有的东西。情况往往是
这样：在日常语言中，同样的记号用来表达迥然不同的思想；在
这样的情况下，该记号的两个例子实际上是不同的符号。比如，
在"格林是嫉妒的（Green is green）"（可能用来表达这个观点：
某个叫约翰·格林的人满怀妒忌之心）一句里，记号"green"的
这两个例子，尽管表面相同，却是两个不同的符号。

通过此类和其他方式，我们的日常语言掩盖了它用来表达思
想的背后的逻辑形式。维特根斯坦认为（例如，参考以上3.324）
哲学多半是因掩盖导致困惑而引起的一系列问题。这样，用弗雷
格和罗素发明的那种人工的、形式上的语言，常常有助于哲学思
想的重新表达。但是，我们不要被这一点误导而认为（a）存在
这样一种"正确的"记号语言的东西或者（b）我们的语言存在

48 什么问题。我们日常语言的问题不在于它没有恰当地表达我们的思想，也不在于它为了更准确地表达思想而需要做出改进（参考5.5563："……我们日常语言的所有命题，正如它们目前所处的状况那般，都处于完美的逻辑秩序中"）；问题在于，可以说，它没有让自己的逻辑形式得到重视。这不是普通语言使用者的一个问题，而是哲学家的问题，他们往往不会注意到他们的问题是由于没有看清我们语言的逻辑而造成的结果。因此，比如，如果你意识到"是（is）"这个词可以用来表达论断（"Green is green"格林是嫉妒的）和身份（"Green is Green"格林就是格林），那么就不会引起困惑。如果你意识不到这一点，那么你同样会遭遇那些哲学家（如科菲）所犯的"严重错误"。

维特根斯坦十分注重这一观点：命题即**事实**。留意一下这一奇怪的——而且一定是故意的——命题 2.14 / 2.141 和 3.14 / 3.141之间的类比：

2.14.   图像的要素以一定的方式互相关联而构成图像。

2.141. 图像是一个事实。

3.14.   命题记号的构成，在于其中的要素（字词）是以一定的方式互相关联的。

命题记号即事实。

3.141. 命题不是字词的混合物。（就像音乐的主旋律不是音调的混合物一样。）

命题是可以表达的。

"只有事实才能表达意义，一组名称不能表达意义"（3.142）。从这一点可以得出："只有命题才有意义；只有在命题的联系中名称才有指谓（3.3）。"维特根斯坦读到的关于巴黎法庭的模型成为他看清命题**本质**（参考前文 3.1431）的一种方式。当我们设想一个由空间对象所组成的命题时就能更清楚地看到命题本质的原因，它的图像特征这时变得更为明显；我们不要被这样一个事实所误导："乍看起来，一个命题——比如印在纸上的一个命题——似乎不是一个图像。"

从一个命题本质上是实在的一个图像这一概念出发，维特根斯坦在本书的剩余部分继续对逻辑、对什么可以说和什么不可以说，以及哲学的本质得出了影响深远的结论。

在所有这些影响深远的结论的核心之处，是这样一个观点：表达一种意义就是要图示实在的一部分；因此，任何不图示事态的东西都是无意义的。这包括所有所谓的逻辑命题。逻辑学是研究命题之间的推理关系，但是，在维特根斯坦看来，说一个命题可以从其他命题推断出来，或从其他命题得出这个命题，只不过是说，这些其他的命题已经说了无论这个推断出来的命题说的是什么东西。例如，"苏格拉底终有一死"是从"凡人终有一死"和"苏格拉底是人"之中推断出来的原因是，后两个命题所说的东西是苏格拉底总有一死。因此，以下论证：

凡人终有一死

苏格拉底是人

所以苏格拉底终有一死

实际上是一个重言式。逻辑学不是一门发现真理的科学；它只不过是重言式的集合物。一个重言式**不是**一个实在的图像。"要么雨正在下，要么雨没有在下"始终是真实的——它在维特根斯坦看来就是一个重言式——但它不是一个告诉你关于这个世界的任何东西的真理。知晓下雨或者不下雨，并不等于知晓有关天气的任何事情；而只是知道了句子自身蕴含着**各种**可能性，因此，它不可能是假的。所以，要知道它始终是真的，就是要懂一些我们的语言，而不是关于天气的东西。在维特根斯坦看来，重言式是**无意义的**，因为，既然它们并不图示世界，它们就缺乏意义。但是，它们并非是**废话**，因为它们是我们记号语言中合法的一部分，正如零的数字标示符 0 一样，是数学的记号语言的一部分，即使（非常确切）它不标示任何东西。

正如重言式始终都是真的，矛盾式（例如，"下雨了和没下雨"）始终都是假的，因此，像重言式一样，它没有图示世界上的任何东西。如果我们把一般命题看作是一张摄影图片，那么一个重言式就可以比作是一张过度曝光的照片，以致于一切都是白色，跟一张一切都是黑色的曝光不足的照片形成巨大反差。维特根斯坦把重言式和矛盾式称作是"伪命题"；它们不是真命题，因为真命题**既**可以是真的，**也**可以是假的。

一幅图像必须与其所图示的东西有某种共同的东西。维特根斯坦称这"某种东西"为"图像形式"；图像形式可以是空间的、时间的等等，但它**必须**是**逻辑的**。世界上的一切都可以被图示出来，但图像不能代表它自己的图像形式；它必须被显示出来，而不是被言说出来。我们语言的形式——因而也是世界的形式——

是通过逻辑显示出来的；因此，逻辑属于不可说的东西。正如维特根斯坦所说，逻辑是"超验的"（参考《逻辑哲学论》6.13）。每一个逻辑命题，每一个重言式，都具有同等价值；"逻辑公理"和逻辑事实是不存在的。因此，弗雷格和罗素所建立的逻辑体系假设了一个关于什么是逻辑的错误观点。

51

正如我们所了解到，维特根斯坦认为，成为"超验的"不单单是逻辑学。从这个意义上，伦理学、美学和宗教也是超验的；即，属于它们的"真理"不能在有意义的命题中陈述出来。这其中的原因是，有意义的命题仅限于图示**世界上**的事态，而价值，无论是伦理的、美学的还是宗教的价值，在这个世界上无法去找寻。换句话说，**伦理事实**是不存在的。这就是为什么不可能有任何伦理命题的原因。

要理解我们语言的逻辑，看到逻辑学、伦理学、美学和宗教是超验的，就要领会维特根斯坦所谓的《逻辑哲学论》之"要点"。换句话说，就是要看到最终的、明确的、无可辩驳的真实的解决哲学问题的方法。在这种"看见"中，一样东西变得十分清楚，也是维特根斯坦认为几乎所有哲学家都误解了的东西，即哲学的本质。

第五章 什么是哲学？

4.11. 真命题的总体是全部自然科学（或者是各门自然科学的总体）。

4.111. 哲学不是一门自然科学。

（"哲学"一词所指的东西，应该位于各门自然科学之上或之下，而不是跟它们并列。）

4.112. 哲学旨在从逻辑上澄清思想。

哲学不是一种学说，而是一种行动。

哲学著作从本质上说是由解释构成。

哲学的成果不是一些"哲学命题"，而是把命题澄清。

可以说，没有哲学，思想就会模糊不清；它的任务就是要使思想清晰，并且为它划定明确的界限。

4.1121. 心理学不比其他自然科学更为接近哲学。

认识论是心理学哲学。

我对记号语言的研究，和哲学家曾经认为对哲学如此重要的那种思想过程的研究，难道不是一致的吗？只是在大多数的情况下，他们都纠缠于一些非本质的心理学研究，但就我的方法而言，也有类似的危险。

4.1122. 达尔文的理论并不比任何其他自然科学的假设更与哲学

相关。

4.113. 哲学为自然科学划定可以在其中进行争论的范围。

（《逻辑哲学论》, 1921）

　　哲学的任务，正如维特根斯坦认为的那样，是揭示我们语言逻辑的真实本质，从而"解决"当这一逻辑被误解时而导致的哲学问题。以这种方式来解决哲学问题，最好是在基于个案的基础上来完成。因此，哲学是一种行动，而不是一种学说。它是一种"在逻辑上澄清思想"的行动。《逻辑哲学论》不应该被看作是一本关于哲学命题的书，因为，严格来说，根本没有哲学命题这样的东西。这本书更应该被看作是一系列解释，作为以哲学澄清为目标的过渡性阶段的说明。如果一个人获得了这些解释所寻求给出的澄清，他就能看出，书里所谓的命题实际上是无意义的。

　　1913 年，罗素曾寄望于维特根斯坦在哲学上迈出下一大步，去解决曾经把罗素难倒的关于逻辑性质的问题，并在争取建立"哲学的科学方法"的努力当中成为旗手。当下一大步最终迈出后，它以说的形式来表明，只有当一个人理解了导致这些问题的困惑后，关于逻辑性质的问题才能得到解决，而其中一个困惑恰恰就是确信可能有像哲学的科学方法这样一种东西。

第六章　逻辑形式的瓦解

　　每一个命题都具有内容和形式。如果我们从单个词或符号（只要它们具有独立的意义）提取意义的话，我们就会获得纯粹形式的图像。也就是说，如果我们用变项取代命题的常项。应用于常项的句法规则必须也适用于变项。就句法一词的一般意义而言，我所指的是这样一些规则，这些规则告诉我们只有在哪些组合中，一个词才有意义，并因此将无意义的结构排除在外。众所周知，日常语言的句法不太适合这个意图。在所有情形下，它没有阻止无意义的伪命题的组成（诸如"红色比绿色高"或者"现实，虽然它是一个**本身**，必须也能够成为一个**为自己**"，等等）。

　　如果我们试图分析任何既定的命题，我们将会发现大体上它们是逻辑和、乘积或者更简单的命题的其他真值函项。但我们的分析，如果发挥得足够深入，必须直抵命题形式的要点之处，而这些

命题形式本身并不是由简单的命题形式构成的。我们最终必须直抵这些条件的终极关系，这种直接关系如果不打破其命题形式就无法断开。表现条件的这个终极关系的命题，我随罗素之后称之为原子命题。于是，它们是每个命题的核心，**它们**包含了素材，剩余部分就只是这个素材的扩展。为了命题主题，我们必须寄望于它们。认识论的任务是寻找它们，从字词或符号中理解它们的构造。这个任

务非常艰巨，在某些环节上，哲学几乎还未开始着手处理。我们有什么方法来处理？一个想法就是以合适的符号系统来表现在日常用语中所导致没完没了的误解的东西。换句话说，就是在日常语言掩盖逻辑结构的地方，在它容许伪命题形成的地方，在它以不同指谓的无限中使用一个术语的地方，我们必须用一个符号系统来取代它，这个系统可以提供一幅逻辑结构的清晰图像，排除伪命题，以及明确使用术语……

　　关于不可分析的程度的陈述的互相排除，跟我几年前发表的一个观点相矛盾，这个观点使"原子命题不能互相排除"成为必要。在这里，我很慎重地说"排除"而不是"矛盾"，是因为这两个概念有区别，而原子命题，虽然它们不会互相矛盾，却也许会互相排除。可以给真实命题只有一个论点的值的函项是存在的，因为——如果我可以这么表达自己的话——举例子来说在其中只有空间存在。例如，举个命题的例子，该命题表明一个颜色 R 于某个时间 T 存在于我们视界中的某个地方 P。我会把这个命题写为"R P T"，并暂且从这么一个陈述如何进一步分析的考虑中摘录要点。于是，"B P T"说，B 颜色在 T 时间位于 P 位置，我们大多数人对这一点都很清楚，而对于日常生活中的我们所有人来说，"R P T 和 B P T"多少会自相矛盾（而且不仅仅是一个假命题）。现在，如果关于程度的陈述是可分析的——正如我曾经认为的那样——我们可以解释这个矛盾，通过说 R 颜色包含了所有程度的 R 但不包含任何 B，而 B 颜色包含了所有程度的 B 但不包含任何 R。但是，从上所述可以得出，没有分析可以消除关于程度的陈述。那么，R P T 和 B P T 的互相排除如何运作？我认为它由这个事实决定，R P T 和 B P

56

T在某种意义上是**完整的**。在现实中，与函项"（　）P T"相对应的东西只为一个实体留出空间——事实上，这和我们说一把椅子上只有一个人的空间是一回事。允许我们构建逻辑积"R P T"和"B P T"记号的符号系统并没有提供关于实在的正确图像。

　　　　　　　　　　　　　　　　　　（《对逻辑形式的若干评论》，1929）

　　依照他关于《逻辑哲学论》解决了所有哲学问题的观点，维特根斯坦写完这本书后就放弃了哲学。随后他参加培训成为一名老师，先后在维也纳南部乡村不同的小学教书，从1920年到1926年长达六年之久，但大部分时间教得不开心。当《逻辑哲学论》出版时，他正在普赫贝格一个村庄教书。而当他继续在乡村过着与世隔绝的生活之时，他的书却成为剑桥和维也纳学术界最感兴趣的焦点。对此书最敏锐的一个读者是弗兰克·拉姆塞，虽然他当时还只是一个本科生，但在剑桥已被广泛认为是一位大有前途的数学家和哲学家。拉姆塞曾经为此书的英译本出过力，并就此书为期刊《心灵》写过一篇富有卓见的长篇评论。1923年夏季，维特根斯坦收到奥格登的信，信里说，拉姆塞计划要来维也纳。维特根斯坦立刻回信邀请他来普赫贝格。9月17日拉姆塞来到了普赫贝格，待了两个星期。在此期间，维特根斯坦也许认为拉姆塞可能就是他要寻找的有领悟力的读者，于是每天花五个小时与拉姆塞逐句通读此书。结果就是，拉姆塞回到剑桥，深信维特根斯坦应该停止对学术生涯的自我放逐。而维特根斯坦也因拉姆塞机敏的质疑，开始认为《逻辑哲学论》终究不是对该书主题的最终定论。

维特根斯坦于 1926 年春季辞掉教职，回到维也纳，先后做过园艺工和建筑师，为他姐姐设计了一座引人注目的房子，这座房子以朴素无华、不加雕琢之美而闻名。与此同时，维特根斯坦也开始慢慢回归哲学。1927 年，他开始参加设在维也纳大学由莫里茨·施利克领导的一群哲学家的定期聚会。这个群组成为著名的"维也纳学派"，他们所倡导的"逻辑实证主义"在分析哲学领域产生了广泛的影响。在 1928 年这一整年，维特根斯坦对哲学的兴趣变得日益浓厚。他确信，他应该终究要回到这门学科，以重新思考《逻辑哲学论》的一些问题。1929 年新年，他回到剑桥，在拉姆塞门下正式作为一名"高级研修生"攻读博士学位。作为导师的拉姆塞比他小 17 岁，已是国王学院的一名研究员。 58

在六个月之内维特根斯坦就写成了一篇论文，这篇论文成为他所发表的第三篇，同时也是最后一篇作品。这篇论文叫《对逻辑形式的若干评论》，为了提交给亚里士多德学会和心灵协会年度联合会议而写。在英国，这个大会是经院哲学家们最重要、最有声望的年度会议。虽然这篇论文刊登在会议论文集里，但实际上维特根斯坦却从未对它多作关注。其时，他的思想发展如此之迅速，以至于他一旦把论文递交出去后，就与之脱离关系，认为它没有价值。在会议中，他宣读了完全不一样的、关于无限之概念的东西，但未有相关记录得以保留。

然而，《对逻辑形式的若干评论》还是引起了注意，它记录了《逻辑哲学论》的逻辑体系是如何和为何倒塌，而在早期维特根斯坦思想中扮演着如此重要角色的"逻辑形式"这一整体概念也随之瓦解。

　　最初的破坏是由拉姆塞造成的，他在对《逻辑哲学论》的评论中指出维特根斯坦关于逻辑必然性的观点的一个问题。"正如只有一种必然性，那么也只有一种**逻辑**必然性，"维特根斯坦在命题 6.375 中说，"所以，正如只有一种不可能性，那么也只有一种逻辑的不可能性。"在接下来的命题 6.3751 中他继续说："例如，在我们的视野内，两种颜色同时出现在同一个地方是不可能的，在逻辑上的确不可能，因为它被颜色的逻辑结构排除了。"之后没多久，他也在同一个命题中说："很明显，两个原子命题的逻辑乘积既不可能是重言式，也不可能是矛盾式。在视野内的一个点同时有两种不同的颜色这个陈述是矛盾式。"由此可见，把某种颜色归于视野内（"这是红色"，"这是蓝色"，等等）的一个点上的命题，不可能是一个原子命题，即，这样一个命题必须能够经得起进一步分析。在书里，维特根斯坦诉诸一种根据粒子速度（"光始终具有同样的速度，不同的颜色要根据波频而不是粒子速度来分析"这一理论虽然已广为人知，但我们必须假设当时的维特根斯坦对此并不了解）来对颜色进行的物理分析，但这种做法并没有说服力。因此，某样东西同时是红色和蓝色的不可能性，看起来跟一个粒子不能同时具有两种速度这个陈述是一样的。然而，就像拉姆塞指出的那样，这一所谓的物理分析——即使它有任何科学根据（但是它没有）——并不能消除如下问题："……因此，甚至假定物理学家对我们所说的'红色'是什么意思提供一种分析，维特根斯坦先生只是把困难还原到空间、时间和事件或者苍穹的**必然**属性的困难中去。他很明确地使它依赖于一个粒子同时处于两个位置的**不可能性**。"拉姆塞说，很难看出这个不可能性如何能成为一个逻辑问题，而不是物理问题。如果维特根斯坦坚持唯一的必然性即逻辑必然性这一观点的话，它一定是一个物理问题。如果维特根斯坦不放弃他这个观点，他必须说明，空间、时间和事件的属性是如何表现为**逻辑的**必然性。

在《对逻辑形式的若干评论》中，维特根斯坦试图通过对原子命题的概念作一个比较有实质性的改变来解决这个问题，这一改变将使《逻辑哲学论》的整个理论体系倒塌。这个改变听起来是技术性的、次要的。它在于放弃如下观点：原子命题在逻辑上相互独立。维特根斯坦现在认为，**某些**原子命题互相排除。如果视野内的一个点是红色的，它就不可能也是蓝色，或绿色，或黄色等。因此，"这是红色并且（and）这是蓝色"是一个矛盾式，**即使**它是原子命题的合取[①]。这意味着维特根斯坦必须放弃命题1.21 关于事实的主张："每件事情可以发生或者不发生，而其他一切保持原样。"他也必须放弃他对逻辑的看法，因为现在一个"正确的符号系统"（adequate symbolism）**不足**以告诉我们，一个命题的独有的合取是或者不是一个矛盾式。不是所有的矛盾式都像"下雨了并且没有下雨"一样。换言之，并非所有的矛盾式都可以用符号"*p* 并且不是 –*p*"来表示。其中有些可以用符号"*p* 并且 *q*"来表示，但这没有多大帮助，因为用符号"*p* 并且 *q*"来表示的大部分合取都**不是**矛盾式。

随着这个看似次要的和技术性的妥协，整个理论就分崩离析了，而留给维特根斯坦的，不是修补《逻辑哲学论》理论的漏洞

[①] conjunction，逻辑术语，也称为合取式，指将两个或两个以上的命题联结起来而形成的命题形式，用符号 Λ 表示，读作"并且"。——译者注

问题，而是从根本上重新思考他处理逻辑和语言的整个方法的问题。这就是他于 1929 年回到剑桥后接下来几年所做的工作，到了 20 世纪 30 年代中期，他已经开拓了一种截然不同的处理哲学问题的方法，被称为"维特根斯坦后期哲学"的方法。

第七章　新哲学：放弃逻辑水晶般的纯粹性

107. 我们越是仔细地考察实际的语言，它与我们的要求之间的冲突就越尖锐。（因为逻辑那种水晶般的纯粹性当然不是**考察**的结果：它是一种要求。）冲突变得不可忍受；这个要求现在面临落空的危险。——我们是站立在滑溜的冰面上，那里没有摩擦，因此在某种意义上说条件是理想的，但是，也正是因为如此，我们也就不能行走。我们想要行走；因此我们需要**摩擦**。回到粗糙的地面上吧！

108. 我们看到我们成为"句子"和"语言"的东西并没有我想象的形式上的统一，而是由多少相互关联的结构所组成的家庭。——但现在逻辑变成了什么？它的严密性在此好像破坏了。——但在这种情况下，逻辑不就整个都消失了吗？——因为逻辑怎么能失去它的严密性？当然不是通过降低他严密性的要求来使它失去这种严密性。——只有改变整个考察方向，才能消除这种水晶般的纯粹性的成见……

109. 认为我们的考察不可能是科学的考察，这种说法是正确的。我们根本没有兴趣从经验上去发现"有可能以跟我们的成见相反的方式去思考如此这般的东西"——不管它意指什么。

（把思想概念看作是一种气态的媒介。）我们不会提出任何一种理论。在我们的考察中一定不存在任何假设性的东西。我们必须抛弃所有**解释**，而代之以描述。这种描述从哲学问题中获得了光明，换句话说就是达到了它的目的。当然这些不是经验上的问题；毋宁说，它们是通过考察我们语言的工作方法而得到解决，而且，以这样的方式使我们识别这些工作方法：尽管我们有误解它们的冲动。这些问题并不是通过引进新的信息来解决，而是通过安排我们已有的知识。哲学是一场通过语言手段来阻止我们的理智受到蛊惑的斗争。

（《哲学研究》，1953）

1929 年夏季，维特根斯坦回到剑桥做"高级研修生"的六个月后，他以《逻辑哲学论》一书被授予博士学位。这是一本已出版七年的书，很多人都已视它为一部哲学经典。1930 年他开始授课，当人们知道他在课堂上正在开拓处理哲学问题的全新方法后，他的演讲很快就吸引了整个哲学界的注意。

从 20 世纪 30 年代初到 1951 年去世，维特根斯坦都在反复尝试构思一本可以向世界呈现他全新哲学观点的书。但他在尚未令自己满意地完成这一任务之前就去世了，于是这项任务就留给了他的遗稿执行人来出版他留下来的不完整的《哲学研究》。从那时起，组成他《未发表的遗作》的很多手稿和打字稿都以维特根斯坦"著作"的形式出版——《哲学评论》《哲学语法》《蓝皮书与褐皮书》《数学哲学评论》《心理学哲学评论》《论确定性》《论颜色》等等，虽然其中包含了重要的哲学著作，但应当记住，其中的任何一本，甚至《哲学研究》都不能看作维特根斯坦本人的著述。

维特根斯坦写一本可以呈现他后期哲学的书所面临的诸多困难，跟他后期那种哲学的性质有关。在《逻辑哲学论》中，维特根斯坦就说过，哲学是一种行动而不是一种学说，像哲学命题这样的东西是不存在的。尽管如此，他还是写出了一本主要由**看上去**确实像是有意成为哲学命题的句子构成的书，它信奉看起来像一门学说的东西，一种关于逻辑形式的理论。在他的后期著作中，维特根斯坦变得更为谨慎，避开理论，探究**作为**一种行动的哲学。然而，正因为那样，他要写一本可以呈现他的新方法的**书**变得极其困难。

有好几次，维特根斯坦认为他即将完成《哲学研究》。他想将之与《逻辑哲学论》合并出版，因为他想要含括在新书中的如此多的评论，会间接提及他在《逻辑哲学论》中发表的观点。但更重要的是，他认为**只有**参考前一本书才能读懂他的新书。

之所以有如此考虑，部分原因在于其早期和后期著作之间的巨大差别，但同时也是因为这两本书之间同等重要的延续性。维特根斯坦从来不曾否定早些时候从《逻辑哲学论》引用的关于哲学的评论。更确切地说，他开始更加明白需要什么东西来公平对待那些评论所表达的洞见；例如，哲学命题这种东西是不存在的，以及哲学与科学之间的**泾渭分明**。

他开始认为，他在写《逻辑哲学论》的时候没有正确理解这些洞见，就陷入了恰恰是具有哲学特征的这一类错误之中。其中最主要的错误是，他预设了思想、语言和世界所共有的一个单

64

独的"逻辑形式",这种形式也许是由哲学家们来发现并揭示它。在 1929 年他回到剑桥的头六个月里,他全力对付拉姆塞提出的关于逻辑形式的难题,并很快得出结论,即必须抛弃逻辑形式这个概念。在这一点上,他从与拉姆塞的谈话中得到了帮助,甚至从与意大利经济学家皮耶罗·斯拉法的谈话中得到了帮助。在他于 1945 年为《哲学研究》所写的前言里,维特根斯坦说,本书最重要的那些观点受惠于斯拉法。至于他这个重大的声明的意思是什么,可以在他告诉朋友诺曼·马尔科姆的一个故事里找到线索。根据这个故事,维特根斯坦回到剑桥后不久,就跟斯拉法解释他的想法,并坚持认为——就像他在《逻辑哲学论》里坚持的那样——一个命题及其所描述的东西必须具有同样的"逻辑形式"。关于这一点,斯拉法做了一个那不勒斯人的手势,用指尖扫过下巴,问:"**这个**的逻辑形式是什么?"

当维特根斯坦在前文所引用的段落里说,只有通过"改变我们整体的考察方向"才能消除哲学中某些先入为主的观点的时候,这个故事为维特根斯坦所表达的那个意思提供了一个很好的例子。我们必须重新看待这些问题,也可以说是换一个角度来看。事实上,这就是我们在哲学研究中所需要的**一切**;我们不需要新的发现,不需要新的解读,也不需要新的理论;我们需要的是新的视角、新的比喻、新的图像。维特根斯坦在《逻辑哲学论》中采取的风格反映了他在这里所描述(和嘲讽)的作为对逻辑那如水晶般的纯粹性的要求。他的新风格迥然不同。表面上看起来想成为数学论证的编号命题那种冷峻的严谨不复存在,取而代之的是一种更加口语化的风格,且充满具有独创性的明喻和暗喻。他关于哲学只应该像诗歌创作那样来写的主张依然奏效，只不过现在的重点并不在于向读者显示不能说的东西，而在于让读者重新**看**事物。

122.　我们不能理解的主要根源在于我们没有**看清**我们对词的使用。——我们的语法缺乏这种清晰性。清晰的呈现能带来理解，而理解在于"看出联系"。因此，对过渡环节的发现与发明是很重要的。

　　　清晰的呈现这个概念对我们来说有着根本的重要性。它标志着我们描述事物的形式，以及我们观察事物的方式。（这是一种"世界观"吗？）

然而之前，维特根斯坦向读者提供了一种**理论**，虽然是非常奇特的一种——从内部摧毁自身、说自身是无意义的那种理论——现在他完全避开理论和解释，代之以描述和他称之为综观（*Übersicht*）的东西，通常理解为如上的"清晰的呈现" 66（perspicuous representation）。

　　如他在这里所说，"综观"这个理念对他后期哲学有着根本的重要性。"综观"会带来一种"在于'看出联系'的理解"，维特根斯坦相信，这正是哲学家们应当寻求的那种理解。这里与之形成对比的是那种通过理论或解释而产生的理解。这两者之间的对比跟他之前的可说的和只可以显示的之间的对比有某种共同的东西，只不过它没有诉诸任何神秘的东西。它所诉诸的是更为普遍的、在我们日益唯科学主义的社会中我们不太了解的某种东西，即我们所具有的，可以通过一首曲子、一首诗歌或者一件艺术品来获得的那种理解。

维特根斯坦关于综观及其可以做什么的理念，深受他一个文学偶像约翰·沃尔夫冈·歌德的著作的影响。诗歌和小说使歌德成为最伟大的德国作家之一，此外，他还写了大量的著作来概述他对自然的**形态学**研究的理念。维特根斯坦认为歌德的理念可以跟传统物理学、化学和生物学偏爱的数学方法相提并论。这些形态学研究——《植物变形记》《动物变形记》——包含了歌德对牛顿科学的机械主义的反感，这也是他做这些研究的动机。他想把他认为的一种死板的、机械的研究用一门学科来替代，这门学科寻求"**照其本身**认出活的形式，在背景中看出它们可见的和可触的部分，把它们感知为某种内部的东西的**显现**"。歌德所做的不是通过寻找数学规律和因果律而是通过看出植物之间和动物之间的联系来研究植物和动物。正如文化史学家斯宾格勒——他接受歌德关于形态学的理念并把这个理念应用到人类文化和文明的研究当中，同时也被维特根斯坦援引为对其产生影响之人——在《西方的没落》中说的那样："用来识别死的形式（dead forms）的方法是**数学定律**。用来识别活的形式（living forms[①]）的方法是**类比**。"

维特根斯坦从歌德和斯宾格勒那里获得了这一理念并应用到语言当中，看出语言现在不是一种"逻辑水晶般的纯粹性"的显现，而是**生活**形式的多样性，这些形式抵制了逻辑学家们强加

67

---

① 维特根斯坦著名的"生活形式"概念衍生于斯宾格勒此处的"活的形式"之概念。——译者注

于语言之上的一种统一的逻辑形式的企图。"我所给出的，"他有次上课说，"是表达式用法的形态学。"而在另一个场合，他说："我们的思考在这里与歌德在《植物变形记》里面表达的某些观点并肩前行…… 我们把语言的某种形式与其环境相对照，或者在想象中把它转化，从而得到我们语言结构获得其存在的整个空间的景观。"

维特根斯坦日益认为，自己在进行着一场反对我们社会主流文化潮流的战斗。1938 年他告诉他的学生："在某种意义上，我正在倡导一种思考方式，而反对另一种方式。老实说，另外的那种方式令我反感。我也是在设法说出我的想法。然而我是说：'看在上帝的份上别这么做。'"

别这么做什么？答案似乎是：别崇拜科学。就在做出如上评论之前，维特根斯坦在上课时说："金斯写了一本叫《神秘的宇宙》的书，我很不喜欢这本书，认为它是在误导。拿书名来说，仅书名我就认为是误导……我可以说书名《神秘的宇宙》包含了一种偶像崇拜，这个偶像就是科学和科学家。"

维特根斯坦认为，对哲学解释和理论的探究跟这种对科学的崇拜有密切的联系。哲学家们被科学成就冲昏了头脑，已经忘记另外一种理解的存在。"现在人们认为科学家的存在是为了教育他们，"他有一次在一本笔记本上写道，"诗人、音乐家等给他们愉悦。**后面这些人可以教他们一些东西**的想法——他们没有想到。"

罗素对维特根斯坦的这一态度当然感到震惊。"后期的维特根斯坦，"他写道，"似乎厌倦了严肃的思考，发明了一门使这么一种行动变得不必要的学说。"如果我们认为"严肃的思考"和

"科学"是同一样东西，那么这句话完全正确。不过，看待它的另一种方式，是认为只有当哲学家从他们所留恋的、认为他们的学科是或者可能是一种科学的任何想法中摆脱出来，他们才可能严肃地思考。

第八章　语言游戏

　　我以后会反复让你们注意我称之为语言游戏的那种东西。与那些我们在极其复杂的日常用语中使用符号的方法相比，这些是比较简单的使用符号的方法。语言游戏是儿童开始使用词语的语言形式。对语言游戏的研究即是对语言的原始形式或原始语言的研究。如果我们想研究真与假，命题与实在的一致性和不一致性，论断、假设和提问的性质等问题，那么研究语言的原始形式就有很大的益处。思维形式在语言的原始形式中出现时，撇开了极其复杂的思维过程的令人困惑的背景。当我们研究这些简单的语言形式时，笼罩着我们日常语言用法的精神迷雾就消失了。我们就可以看出那些行动和反应都清晰而透明。另一方面，我们在这些简单的过程中看出了语言形式并没有发生任何断裂，没有与我们复杂的语言形式分割开。我们看出，通过逐步补充新的形式，我们能够将简单的形式组成复杂的形式。

　　现在妨碍我们采用这种研究方法的东西，是我们对于普遍性的追求。

　　对普遍性的追求是某些与特殊的哲学困惑有联系的倾向所造成。其中有：

　　1. 渴望找到某种与我们通常概括在普通术语之下的一切事物

所共有的东西。例如，我们倾向于认为一定存在某种为一切游戏所共有的东西，这种共有的属性有理由把"游戏"这个普通术语应用到各种各样的游戏之中。然而，这些游戏形成一个**家族**，它的成员具有家族相似性。其中，某些成员有一样的鼻子，有些成员有一样的眉毛，另一些成员有一样的步态；这些相似之处彼此交错。

2. 有一种根植于我们通常的表达形式中的倾向，这就是人们倾向于认为，一个人学会了理解一个普通名词，例如"树叶"这个普通名词，他就获得了某种对树叶的普遍图像，而不是对个别树叶的图像。当这个人学习"树叶"这个词的意义时，各种不同的树叶都展示在他面前；向他展示个别的树叶，只是为了能达到"在他心中"产生一种我们视为某种普遍形象的观念这个目标所采取的手段；我们说他看见了与所有这些树叶所共有的东西；如果我们意指当被提问时他能告诉我们这些个别树叶所共有的某些特征与特性，那么这一点是正确的。但我们倾向于认为关于一片树叶的普遍观念是某种与视觉形象相似的东西，但这种普遍观念是一种包含了与所有树叶共有的东西的普遍观念。（高尔顿组合摄影术。）这种看法又再次与这个观念联系在一起，即词的意义是一种形象或者一种与词相关联的事物。（这大致意味着我们认为词仿佛都是专有名词，于是我们便把名称的承担者与名称的意义混为一谈。）

3. 我们对当我们把握"树叶""植物"等普遍概念时发生的事情的看法，又是与下述两者之间的混淆联系在一起：其一是就一种假设的心理机制而言的心理状态；其二是就一种意识状态（牙痛等等）而言的心理状态。

4. 我们对普遍性的追求还有一个主要源泉，那就是我们对自然科学方法的偏爱。我指的是那种用尽可能少的原初自然规律去解释自然现象的方法；在数学中，这就是那种运用归纳来概括各种不同问题的处理方法。哲学家经常看重自然科学的方法，并不可抗拒地试图按照自然科学的方式提出问题和回答问题。这种倾向是形而上学真正的根源，它使哲学家陷入绝境。

（《蓝皮书》，第17—18页）

在1933—1934学年期间，维特根斯坦的课堂吸引了更多的学生（三十到四十人之间），远远超过了让他讲课感到轻松的人数。于是他宣布，他会向一小部分学生口述他的讲义，然后由他们抄写讲义并派发给其他人。他口述的这一套讲义用蓝色封面装订起来，成为大家都熟悉的"蓝皮书"。因为它是维特根斯坦以新方法来处理哲学问题的首次发行物，引起了人们极大的兴趣。随后，更多的副本被制作出来。在几年之内，它被分发于牛津、伦敦甚至美国的一些大学之中。于是，《蓝皮书》肩负起了在哲学语篇中引进"语言游戏"这一概念的责任，在很多人看来，这个概念在维特根斯坦后期哲学中起着关键的作用。

72

　　然而，人们对这一概念有许多普遍的误解。而最普遍的误解是把它当作一种**理论性**概念，这种概念是一般语言理论关键的组成部分。从上一章（以及维特根斯坦在1930年后写的几乎所有东西）来看，就应该很清楚，建构一种一般语言理论正是他最不愿意做的事情。然而，评论家讨论维特根斯坦的"语言游戏理论"却屡见不鲜。有时人们认为，维特根斯坦把语言游戏看作是完全独立的"话语之岛"（islands of discourse）——有科学的语言游戏、宗教的语言游戏等——彼此间相互孤立。甚至见多识广的评论家有时也会谈论，维特根斯坦引进语言游戏这个概念似乎是为了说出语言的组成部分是什么。

　　依我看，理解维特根斯坦对语言游戏的使用的最好方法是，看出它们在形成一种综观时所扮演的角色，也就是说，它们在形成"在于看出联系的那种理解"时所扮演的角色。

　　在《逻辑哲学论》中，维特根斯坦说过，哲学问题是因为误解我们的语言逻辑而造成。他尝试过的解决方法是对我们语言的逻辑提供正确的解释。但当这个方法失败后，他开始采取截然不同的方式来考察事物，质疑是否**有**我们可以称之为语言逻辑的某种东西。的确，他现在认为他的早期著作是哲学家如何被误导的最佳例子。我们要注意到，他上述的"对普遍性的追求"既适用于《逻辑哲学论》作者本身，也同样适用于其他哲学家。当他在书中试图分析"命题的一般形式"时，他也陷入了"渴望找到某种与我们通常概括在普通术语之下的一切事物所共有的东西"的困境，认为一定会有与**所有**命题共有的一种单独形式。

　　他对这类困惑提出的补救方法是，不断向哲学家提醒一些平凡的道理（trivialities），例如：不是所有对语言的有意义的使用都是以**同样的**方式具有意义。例如，名称通过与人或物体相互发生关系获得了它们的意义，但（a）不是所有词语都是名称，以及（b）作为名称**承担者**的事物本身或人本身并不是名称的**意义**。例如，当伯特兰·罗素去世后，他的名字的意义没有消失。维特根斯坦认为（当然这也是正确的），说这种话，并不是要提出一种**理论**；它只是指出某种东西，这种东西显然是真实的，但被一幅特别的图像或预设所控制的哲学家往往会容易忽略。例如，维特根斯坦在《逻辑哲学论》中说："名称意指对象。对象是名称的指谓。"他还提出这个观点，一个原子命题除了包含名称之外，什么也没包含，所有构成该命题的词语代表对象。现在，维特根斯坦当然明白，在普通的意义上，不是所有的词语**都是**名称，但是，在追求对哲学问题的明确的和无可辩驳的真正的解决方法时，他选择了忽视这个显而易见的事实。

维特根斯坦现在提出的澄清哲学困惑的方法跟弗洛伊德的精神分析（"哲学家处理问题就像医生治疗疾病"）有某些相似之处。他后期的哲学著作有一些论证，但不太符合大部分哲学家的胃口。在大多数情况下，维特根斯坦不提供**论证**，更多的是提供一种**治疗**（therapy）。在他的一些谈话和讲座当中，他会把人们的注意力引到自己的哲学方法与弗洛伊德心理学方法之间的相似性上面，以至于说自己是"弗洛伊德的信徒"。但是，在弗洛伊德开创了一门新的心理学**科学**这个意义上说，维特根斯坦毫不赞同弗洛伊德对自己所取得的成就的看法。在维特根斯坦看来，极为重要的一点是，意识到弗洛伊德事实上**并未**向我们提供一套比如关于梦和神经症的科学解释。维特根斯坦认为，弗洛伊德所取得的成就远比**这一**成就大得多，因为他向我们提供的是一种新的**神话学**，即一种全新的审视自我和周围的人的方式，这种方式可以让我们看到之前不曾看到的事物之间的联系。

这就是维特根斯坦希望通过发明语言游戏的方法来完成的工作。他希望这些游戏可以在"治疗"中发挥作用，而这种"治疗"需要哲学家承认其哲学理论只不过是建立在误解之上的困惑。语言游戏是语言的一种（通常是虚构的）原始形式，在这种形式中，我们日常语言的某个特别的方面，例如，名称的角色，必须通过从它通常所处的复杂语境中区分出来，而得到突显。其目的在于我们可以在这种简化了的事情和在现实生活中使用的语言两者之间"看出联系"。

例如，出现在《哲学研究》第一段的语言游戏：

75　　　　现在让我们考虑下面语言的用法：我派某人去购物。我给他一张写着"五个红苹果"的纸条。他把纸条交给店主。店主打开标着"苹果"的抽屉，然后在一张表上找"红"这个字，并找到一个与之相应的颜色样品；接着他念出一系列基数——假设他对它们熟知于心——一直数到"五"，每数一个数字就从抽屉里拿出一个与样品颜色相同的苹果。——我们就是以这种或类似的方式来使用词语的。

对最后一句最自然的反应即是说："不，不是这么回事！有谁听说过一个店主会把苹果放在抽屉里？而且，你见过一个人会用颜色表来断定哪个是、哪个不是**红色**吗？不可否认，有些人在数五样东西时**的确**会大声说'一、二、三、四、五'，但在更多情况下是只拿出五样东西，放进袋子里交给顾客，什么话也不说。维特根斯坦在这里描述的情况绝对**不是**我们使用词语的方式！"

显然，维特根斯坦并未打算通过这种被发明出来的语言游戏来反映实在的所有复杂性，但他也不会认为这种游戏呈现了语言"本质"（例如就像他在《逻辑哲学论》中认为的呈现了命题的"本质"那样）的某个方面。不，这种虚构的、在某种程度上完全不现实的情境旨在通过某种方式来呈现我们语言的**某些**方面，这种方式比它们出现在我们日常生活中的方式更为原始。重点是，这种方式让我们比用其他方式来看待某些我们也许会忽视的语言特征看得更清楚。因为，虽然这里发生的情景将永远不会被误认为是当一个人去买五个红苹果时可能真的会在现实生活中发生的情景，但在这里使用的和在日常生活中使用的"五个红苹果"这几个词之间"看出联系"是完全有可能的。

76

　　维特根斯坦举以上例子的目的是要把人们的注意力引到哲学家往往忽视的东西上面，即，我们使用词语的方式之间的**区别**。正如维特根斯坦在《逻辑哲学论》中所做的那样，那些认为所有名称从根本上都是以同样的方式起作用的人，很明显没有考虑到以下三者间的差别：（a）数字名称，（b）颜色名称和（c）对象名称。在短语"五个红苹果"中的每个词都是一个名称，但如何区别地使用每一种名称是通过"原始的"方式来实现的，以这种方式，维特根斯坦设想的语言游戏中的各个字符都各司其职。

　　店主把苹果存放在标着"苹果"的抽屉里。这似乎很荒谬，但毕竟这种情况还是**有可能**发生。不过，他能否把数字放在标着"数字"的抽屉里？或者把颜色放在标着"颜色"的抽屉里？那么，他可以在表格上找"红"这个字。如果这看起来很荒谬，想一想维特根斯坦在《蓝皮书》里说了什么：

　　　有一种方法可以至少部分地避开思维过程的那个神秘莫测的表

象，这种方法就是在这些过程中，用观看实在的对象取代任何想象活动。于是，至少在某些情况下，下述这一点很重要：当我听到并懂得"红色"这个词时，一个红色的形象就会浮现在我眼前。可是，我为什么不应该用观看一张红色的纸片来取代想象一个红色的斑块呢？这个视觉形象只会更加生动。设想一个人在他的衣袋里总是带着一张把各种颜色名称与各种颜色斑块对应地排列起来的纸片。

换句话说，当店主在表格上找"红"这个字时，他正在做某种与许多哲学家和心理学家认为我们在心里都会做的极其相似的事情。人们常说，我们对于"红"这个字的理解，要求我们有想象中的某种颜色表，我们用它来对比我们看到的东西和我们对于这个字"联想到"的东西。维特根斯坦说，好吧，如果这就**是**我们使用该词的方式，那么，我们手上的这张色表就一定与我们心中想象当中的那张一样好，甚至是更好。

至于店主大声数数字，这里的关键是，为了具备它**确实**具备的意义，"五"这个字需要一个整全的基数系统。这个字不会也不能作为抽屉里或表格上的某样东西的一个标签来使用；为了让它具备它本身具备的意义，数数字的行为必须预先假定。在一个没有人会数数字的社区里，"五"这个字就毫无用处，或者说，毫无意义。

维特根斯坦在他引用圣奥古斯丁《忏悔录》关于如何学母语的一段话之后，立刻介绍上面讨论的语言游戏。这一段的英文版（维特根斯坦最初是引用拉丁文）如下：

当他们（我的长辈）称呼某个对象并同时接近那个对象时，我看到这一点，并注意到，当他们意在指出这个对象时，他们就用发出的声音来称呼它。他们的意图可以从他们的姿势看出，可以说人的姿势是所有人种的自然语言：面部表情、眼神、身体其他部分的动作和声音的语调等都是表达人的心灵在追求、拥有、拒绝或者回避某个对象时的感受。因此，当我反复听到在各种句子里用在合适位置上的字词时，我便逐渐学会理解它们所指的是什么对象；当我的嘴受到训练并习惯于发出这些符号时，我就用它们来表达我自己的意愿。

有时人们认为维特根斯坦在《哲学研究》的开头引用这段话的目的是要清晰表达作为本书目标的语言理论，而他又会对这一理论进行证伪。我认为，这一点完全是错误的。《忏悔录》不是一本哲学理论著作，而是一本自传；在上面引用的段落中，奥古斯丁的目的不是把语言理论化，而是描述他如何学会说话。

然而，正**因为**这一点，这一段话成了《哲学研究》理想的出发点。因为维特根斯坦后期著作的目的不是要**反对**其他哲学家的观点和理论，要证明这些观点和理论是错误的；而是抨击哲学困惑的**根源**。在写《逻辑哲学论》的时候，维特根斯坦认为，参与到一场哲学辩论之中（正如罗素参与到与布拉德雷关于关系是否存在的辩论中一样）就意味着已经失败了。**所有**哲学理论都是无意义的；解决哲学问题的方法是澄清导致这些问题的逻辑和语言困惑。同样，在后期著作中，维特根斯坦把**所有**哲学教义都看作是困惑，虽然他现在认为，导致困惑是因为，正如他所说，"图像令我们困惑"。他的任务就是要把我们从那个图像中解放出来。因为令我们困惑和导致哲学问题的图像**出现**在我们所说的一切之中，通常不能通过论证来消除它。可以说，这样做过于激烈（deep）了。把我们从令我们困惑的图像中解放出来，需要的是丰富的**想象力**，我们并不能通过论证来做到这一点，而是必须通过治疗的方式才能做到。因此，维特根斯坦后期著作聚焦于前哲学层面，而非哲学层面。它探讨的不是我们的论辩能力，而是我们的想象力。

虽然这一点往往被评论家所忽视，但为了把它说明白，维特根斯坦几乎已经做了其所能做的一切工作。他在这本书的第一句就讲得很清楚了。紧接着，在引述圣奥古斯丁之后，维特根斯坦说：

> 在我看来，这段话给我们提供了一幅关于人类语言本质的特殊**图像**。这就是：语言中的单词命名对象——句子是这些名词的组合。——在这幅关于语言的**图像**中，我们可以找到下述**观念**的根源：每一个词都有一种意义。该意义与这个词相关联。它是这个词所代表的对象。[我加的斜体*]

为什么维特根斯坦要在这里区分图像与观念？我想，是因为他想直达问题的**根源**。将图像留在原处的同时反驳这一观念，会十分

---

* 即中文的粗体。——译者注

浪费时间。我们需要的是用一幅图像替换另一幅图像。

在《哲学研究》的第二段，维特根斯坦提出了另外一个语言游戏，他说，这个游戏设想"一种符合奥古斯丁描述的语言"。即，一种完全由名词构成的语言：

80

> 这种语言用于建筑工人 A 和他的助手 B 之间的交流。A 用各种建筑石料来建造：有石块、石柱、石板和石梁。B 要按照 A 需要的顺序给 A 递石料，为此，他们使用了一种由"石块""石柱""石板""石梁"这些词构成的语言。A 喊出这些词；B 则按照约定的对应方式在听到相应词语时递上相应的石料。——我们把这设想为一种完整的原始语言。

在几段之后，维特根斯坦让我们去设想这种语言的延伸：

> 除了"石块""石柱"等四个词以外，还包括一系列词，如(1)中店主使用数词那样加以使用的词（也可以是一系列字母）；其次，假定还包括"那里"和"这个"两个词（因为这大致可以指示它们的目的），而它们是与指示的手势联系起来使用的；最后还有几种颜色样本。A 发出这样的命令，如"d——石板——那里"。同时，他又给助手看一个颜色样本，并且当他说"那里"时，他指着建筑工地的一个位置。B 每数一个字母数到 d，就从石板堆中拿一块与样本颜色一样的石板，送到 A 指出的位置。——在另一些场合，A 发出"这个——那里"的命令。在说"这个"时，他指着一块建筑石料。如此等等。

81 　　"现在，"维特根斯坦问，"这种语言的词语**指代**什么呢？"他回答说："如果不是它们具有的那种用法，还能有什么可以表明它们指代什么？而我们已经对这一点作了描述。"如果我们对这个回答不满意，如果我们坚持认为这些词的含义一定比它们被使用的方式更多，那么我们就**可以**说，比如，就像"石板"这个词表示某种石料，因此"b"表示一个特别的数字："但把关于词语用法的描述统一划齐，并不能让这些用法本身彼此更为相似。因为，正如我们看到的那样，它们完全不同。"

　　在《逻辑哲学论》中，维特根斯坦对语言的**某种**形式作了研究，即断定句，或"命题"。他对这一点的辩护就是说，语言、问题和命令的其他形式可以被认为是修改过的断言，那么这三者的一个共同核心就可以识别出来（比如，从"门关上了"这一句，我们可以反推出"门关了吗？"和"关上门！"）。因此，通过研究命题的逻辑形式，我们可以合理地宣称研究我们整个语言的结构。使用语言游戏的概念，维特根斯坦现在使这个观点受到无情的攻击：

　　　　然而有多少种句子存在呢？比如断言、问题、命令？——有**无数**种：我们称之为"符号""词""句子"的那些东西有无数种不同的使用。这种多样性并不是某种固定的、一成不变的东西，而是有我们可以称之为新种类的语言、新的语言游戏会出现，而其他种类的语言和语言游戏则会变得过时而被人遗忘。（我们可以从数学的

82 　　　　演变过程中获得关于这种情况的粗略图像。）

在此，"语言**游戏**"这个词的作用在于突出一个事实：语言的**言说**是活动的一部分，或者是一种生活方式。

通过下面这些例子以及其他例子来看看语言游戏的多样性：

下达命令，以及服从命令——

描述一个对象的外表，或者给出它的测量——

通过一种描述（一幅图像）构造一个对象——

报告一个事件——

推测一个事件——

形成并检验一个假说——

用图表来说明某个实验的结果——

编一个故事；然后讲这个故事——

演戏——

唱一段歌曲——

猜谜——

编笑话；讲笑话——

解决应用算术中的问题——

把一种语言翻译成另一种语言——

提问、感谢、诅咒、问候、祈祷。

——把语言中的工具以及这些工具使用方式的多样性，把词和句子种类的多样性，跟逻辑学家们（包括《逻辑哲学论》的作者）关于语言结构所说的话加以比较，是很有意思的。

第九章 会有一种私人语言吗？
它为什么重要？

243. 一个人可以鼓励自己、命令自己、服从自己、责备自己和惩罚自己；他可以对自己提问然后自己回答。我们甚至可以想象一些只能进行独白的人，他们一边做事情，一边自言自语。——一个观察他们并听他们说话的研究者也许可以把他们的语言成功地翻译成我们的语言。（这将使他能够正确地预测这些人的行动，因为他听见了他们在下决心和做决定。）但是，我们是否也能想象这样一种语言，一个人用这种语言写下或者说出他的内心体验——他的感觉、情绪等——以供他私人使用？——难道我们不能用我们的日常语言来做这些事情吗？——但那不是我的意思。我的意思是，这种语言的单个的词仅指那种只有说话的人才知道的东西；指他直接的私人感觉。因此，另外的人不能理解这种语言。

244. 词是怎样指称感觉的？——这里看起来没有什么问题；我们不是每天都谈论感觉，并给它们命名吗？但名称和被命名的事物之间的联系是如何建立起来的？这个问题也就等同于：人是怎样学会感觉的名称的意义的？——比如"疼痛"一词的意义。这里有一种可能性：词与感觉的一种原始的、自然的表达有联系，并且用来替代它们。一个小孩受了伤，哭了起来；于是大人跟他说话，教给他感叹词，然后又教他句子。他们教给孩子新的疼痛行为。

"那么你是在说'疼痛'这个词其实指的是哭喊吗？"——相反，疼痛的语言表达是代替哭，而不是描述哭。

245.　我如何能够利用语言来介入疼痛和它的表达之间呢？

246.　在什么意义上我的感觉是**私人**的？只有我才能知道我是否真的感到疼；别人只能对此进行推测。——从某个方面来说，这是错误的；从另一个方面来说，这是没有意义的。如果我们按照正常的用法使用"知道"这个词（除此之外，我们还怎样用它呢？），那么别人就通常会知道我什么时候感到疼痛。——是的，但是都不具有我所知道的那种确定性！——对我自己根本也不能说"我知道我疼痛"（除非是一个笑话）。这句话除了可能意指我感到疼痛以外——还会意指什么呢？

不能说其他人只是从我的行为中知道我的感觉——因为，不能说**我获知**我的感觉。我**有**这些感觉。

下面的说法是正确的：说别人怀疑我是否疼痛，这是有意义的；但说我自己怀疑就没有意义了。

247.　"只有你才知道你是否有那种意向。"当你向一个人解释"意向"这个词的意义时，你也许会对别人这么说。因为这就意味着：我们就是**那样**使用它的。

（"知道"在此意味着：表达对不确定的东西是没有意义的。）

248.　"感觉是私人的"这个命题相当于："人只能自己一个人玩单

人纸牌。"

......

258.　让我们想象下面的情况。我想用日记记下某种感觉的重复出
现。为此，我把它和"S"这个记号联系起来，在我有这个
感觉出现的日子，就在日历上写下这个记号。——我将首
先注意到，不能给这个记号下一个定义。——但是，我仍
然可以给自己下一个实指定义。——怎么下呢？我能指着
这种感觉吗？在通常的意思上，不能。但我说出或者写下这
个记号的同时，把我的注意力集中在这种感觉上——就好
像我内在地指着它。——但是，这个仪式有什么用呢？因
为，它看起来只不过是这样一种仪式而已！定义肯定能规定
记号的意义。——当然，那正是通过把我的注意力集中起来
所要做的；因为，这样的话，我在心中就记住了记号和感觉
的联系。——但是，"在心中记住"的意思只能是：这个过
程使我能**正确地**记住这种联系。但在目前的情况下，我没有
一个正确性的判据。有人也许会说：任何在我看来将是正确
的东西，都是正确的。而这只是意味着我们不能在此谈论
"正确"。

......

265.　让我们设想一张只存在于我们的想象之中的表（某种像字典
那样的东西）。字典可以用来为把 X 这个词翻译成 Y 这个词
提供证明。但如果只在想象中查这张表，我们是否也把它称
为证明？——"是的；在这种情况下，它是一种主观的证
明。"——然而，证明基于某种独立的东西。——"但当然

我可以诉诸一个又一个记忆。比如，我不知道我是否准确记得火车开出的时间，为了确证它，我心中唤起火车时刻表的那一页。这里不是一样的情况吗？"——不是。因为这个过程必须产生一种实际上**正确的**记忆。如果时刻表在心中的图像不能检验它自己的正确性，它怎么能够证实第一个记忆的正确性呢？（就好像某人买几份同样的晨报，以便向自己确证报上所说的事是真的。）

……

在想象中查看一张表并不是查看一张表，正如对想象的实验结果的想象并不是实验结果一样。

……

293. 如果我谈到自己时说，只有从我的情况中才能知道"疼痛"这个词的意思——那么在讨论别人时我就一定不能这么说吗？我怎么能够如此不负责任地把一种情况加以普遍化呢？现在，有人告诉我他只从**他**自己的情况中知道疼痛是怎么回事！——假设每个人都有一个装着某样东西的盒子：我们称它为"甲虫"。谁也不能看别人的盒子，并且每个人都说他只通过看**自己的**甲虫，就知道甲虫是什么。——这里，很有可能每个人盒子里的东西都是不同的。我们甚至可以想象那样东西一直在变化。——但是，假定"甲虫"这个词在这些人的语言中有一种用法？——如果是这样，它将不会用作一样东西的名称。这个盒子中的东西在语言游戏中根本没有位置；甚至作为**某样东西**也不行：因为这个盒子甚至可以是空的。——不，我们可以对盒子里的东西进行"约减"；把它取消，无论它是什么。

这就是说：如果我们以"对象和名称"的模式来解释关于感
觉的表达式的语法，那么对象会因为不相干而不予考虑。

……

307.　"难道你真的不是一个伪装的行为主义者吗？难道你归根结
底不是在说除了人的行为之外一切都是虚构的吗？"——如
果我确实谈到虚构，那么我谈的是一种**语法的**虚构。

（《哲学研究》，1953）

　　"私人语言论证"成为《哲学研究》最具盛名的章节。一些
哲学家如此折服于这个论证，以至于把它的结论——不可能有私
人语言这样的东西——视为哲学有过的最为接近一个"成果"的
东西（在被证实的逻辑或数学原理是一个"成果"这一意义上）。

　　然而，对于"私人语言论证"是什么，它应该出现在书中的
哪些部分，以及它到底要确立什么，存在着一些争议。几乎所有
人都认为这个论证是从第243段开始，但是它在哪里结束，似乎
就没有人很肯定。第315段通常被认为是它的结尾段落，但是，
我相信大多数人会认为这个选择多少有点武断。

　　美国哲学家索尔·克里普克认为第243—315部分不是私人
语言论证本身，而是对这个论证的详尽阐述。他认为，这个论证
本身出现在第202段："因此'遵守规则'也是一种实践。而**认
为**自己遵守了规则，其实并不是遵守规则。因此'私下地'遵守
规则是不可能的：否则，认为自己遵守了规则跟遵守规则就是同
一回事。"对于克里普克或者其他哲学家而言，这一部分如此吸

引他们的原因在于其至少能够被辨识为一项**论证**。有鉴于此，这部分在通常意义上被认为是"私人语言论证"其大部分内容似乎并不以争论为中心；毋宁说，它似乎就是一个集苍白的断言、隐喻、挖苦话和想象力的发挥于一体的大杂烩。

如果我们乐意把本书的一部分内容称为"论证"，而它又很明显不是我们通常所说的论证，即前提和甚至这个所谓的论证的结论似乎都很奇怪，难以捉摸——那么，我们该怎么看从第 243段开始的那部分内容所针对的**目标**呢？一些人认为，它的目标是从笛卡儿发起的早期现代哲学时期到 20 世纪中期的整个西方哲学传统。确实，人们通常说，维特根斯坦最大的成就就是摧毁了三百年以来的笛卡儿主义。

而其他人则指出维特根斯坦从来没有读过笛卡儿，对笛卡儿研究的学科的历史采取一种直接的不屑一顾的态度，他们认为，他的目标不是别人而正是罗素。因为，有谁会认为私人语言**可能**存在呢？这个问题几乎不是一个问题，但它在西方哲学史上的哲学辩论中**随时**都可以变得严重。然而，在罗素 1918 年《关于逻辑原子主义的演讲》中我们发现，他主张一种"逻辑完美的语言"是一种"在很大程度上对于说话者是私人的"语言。罗素对这个奇怪的结论的论证如下：

> 刚才我一直在谈论我们从语言的逻辑缺陷，即从我们的语词都有歧义这一事实中获得了很大的便利。现在，我提议来讨论哪一种语言将成为逻辑上完美无缺的语言。在一种逻辑上完满的语言中，除了"或者""不是""如果""那么"这些具有不同功能的词之外，

命题的词会——对应相应事实的诸组成部分。在一种逻辑上完满的语言中，对于每一个简单的对象只存在一个词，而每一不简单的事物将由词的组合来表述，当然，这个组合来自这样一些词，它们表达进入该组合的简单事物，一个词表达事实的每一个简单成分。这种类型的语言完全是分析型的，将在一瞥之际表明人们肯定或否定的事实的逻辑结构。我在《数学原理》中制定的语言就想要成为这样的语言。它是一种只有句法没有任何词汇的语言。除了没有词汇表这一点外，我认为它是一门非常好的语言。它旨在成为那种如果加上词汇表就会成为逻辑完满的语言。在这种意义上现实的语言不是逻辑完满的，如果它们服务于日常生活的目的，它们也不可能是完满的。一种逻辑上完满的语言，如果可以构造出来的话，将不仅是过分冗长的，而且就其词汇而言在很大程度上对于一个说话者是私人的。也就是说，它使用的所有名称对于说话者都是私人的，而且不能进入到另一个说话者的语言当中。鉴于我在这篇演讲（关于所有这些事物都是复杂的，不是简单的，因此需要分析它们的组成部分）的前一部分中考察的理由，对于苏格拉底或皮卡迪利或罗马尼亚就不能使用专有名词。总之，你会发现这是一门的确非常不便利的语言。

（罗素，《逻辑与知识》）

90　当维特根斯坦考虑一种私人语言的有无可能时，**这就是他心里所想吗？**我认为罗素这段话对任何想要理解"私人语言论证"的人都有帮助之处，在于它说明了一个大哲学家实际上持有这样一种观点，即一门语言（虽然是一门过分冗长、对日常生活没有帮助以及总之是不便利的语言）对单独一个说话者来说也许是私人的。但是，罗素说这种"逻辑完满的语言"是私人的，他的理由是如此奇特，以至于这些理由也许是他独有的。接受他这些理由意味着接受罗素的逻辑原子主义**以及**他特有的那种唯我论的经验主义。原子主义需要激发对"简单的"事物的追求，说它们简单，是在它们不是也不能由更小的事物构成的意义上而言，并且，唯我经验主义需要为这个观点辩护：那些"简单的事物"只能是私人的感觉数据。我们需要进一步采取一种意义参考理论，因为只有这样，我们才能坚称，在我们的语言中，词语的意义必须是语言的词语所指称的**东西**。

维特根斯坦关于私人语言可能性的某些议论，的确可以应用于罗素的"逻辑完满的语言"上面。比如，克里普克讨论的第202段的论证足以摧毁这个观点：这种语言的规则可以以个人的私人方式得到遵循。第258段概述的、关于想象的日记的类似讨论，以及第265段关于测试记忆力而想象的表格的那些讨论，也是有的放矢。同时，它们似乎要显示罗素所标榜的仅仅是"过分冗长"和"很不便利"的东西实际上是前后不一致的。罗素设想的像私人语言这种东西是不可能存在的，因为这种语言的词语的 91 正确或不正确的使用的唯一判据是私人标准。而且，正如维特根斯坦在第202段所主张的以及在上面提及的其他两段用出色的类比来证明的那样，私人标准根本不是标准。

然而，难以置信的是，维特根斯坦在第243—315这一部分内容的评论，针对的目标是罗素关于逻辑完满语言的性质的非常奇特的诸观点中其中一个相当不起眼的观点。这并不是维特根斯坦的一贯作风，确实，从他以如此之长的篇幅来**反对**另一个哲学家的观点而进行辩论这种行为来看，跟他在后期著作中所要做的事情的整个观念是背道而驰的。

我个人的看法是最好忘掉《哲学研究》这些章节的内容——包含了整本书最有创意的一些比喻和最富有启发的一些文字——应该构成一个单独的具有支撑性的（sustained）论证。但很明显它们并没有。毋宁说，它们更是从各种不同角度尝试处理各种关于私人的、"内心"体验的假定，这些假定通常由专业哲学家和普通人共同提出。

例如，甚至在哲学研讨室外面，听到人们说"只有我才能知道我是否真的感到疼；其他人只能对此进行推测"（参看上面引述的第 246 段）这样的话根本不奇怪。说这样的话即是要忘记维特根斯坦所提醒我们的"平凡的道理"："如果我们像平时使用的那样（我们还能以什么别的方式来使用它？）来使用'知道'这个词，那么其他人通常会知道我感到疼痛。"如果我们这时开始谈论关于我们知道自己的疼痛的**确定性**，那么我们需要说明促使说出这样的话的原因是语法性陈述和实质性陈述（material remark）之间的混乱。"我们只能自己一个人玩单人纸牌"是一个**语法性**陈述。"我独自去电影院看电影"是**实质性**陈述。前者也许用来向某人解释什么是单人纸牌。类似的，"感觉是私人的"这个句子是语法性陈述；它说出了感觉是什么类型的东西，与此同时，它也未能说明一些东西，比如，没有告知我们如何**发觉**某些感觉的可能的过程。

有一种倾向——而且，再一次，像在奥古斯丁关于他如何学会说话的描述中可以识别出来的"人类语言本质的图像"，这是一种**前哲学**倾向，而不是一种哲学**观点**——认为私人的东西在逻辑上优先于公共的东西。"我知道我看到、想到、感觉到了什么，等等，"人们普遍认为，"但我必须**推断出**你或其他人看到、想到、感觉到什么，等等。"在《哲学研究》中，维特根斯坦的一个目的是要显示私人的东西与公共的东西的相对优先权这幅图像的不一致性。这就是第 293 段（前文引用）著名的"盒子里的甲虫"的重点。**只有我能接触到的东西**（甲虫，或什么别的东西）**不可能**是具有公共用法的词的意义，或甚至指称。[①]以及，不可否认，像"信仰""欲望""意图""思想"等词都有一个公共用法，因此，它们的指称或它们的意义都不可能是某种在本质上是私人的东西。

正如维特根斯坦所预料（参考以上第 307 段）的那样，他被解读为一个行为主义者，这样的行为主义者认为，我们必须接受我们所说的疼痛只不过是某人感到疼痛所特有的行为，**而不是其他**。在第 304 段，他试图从这个严重的误解中迅速摆脱出来：

"但是，你一定会承认有疼痛伴随的疼痛行为和没有疼痛伴随

---

① 黄敏教授认为，这句话意味着，把甲虫一类的东西当成是词的意义，看起来违反直观，但这里应该是针对一种意义理论而言：确实有很多哲学家把词语指称的事物（或对象）当作意义。而对这些哲学家来说，这个意义是私人的。因为他们持有在逻辑上只有说话者自己知道的语言观，认为一种私人语言是可能的。而维特根斯坦在《哲学研究》第 243—363 段这部分内容就是对这种语言观的探讨和抨击（参见《维特根斯坦与哲学》，A. C. 格雷林著，译林出版社，第 97 页）。因此，作者说，把只有自己能知道的或接触到的东西当是词语的意义是不行的，甚至把它们当成词语的指称，也是不行的。——译者注

93 的疼痛行为之间存在区别吗？"——承认吗？还有什么更大的区别吗？——"但是，你却一再得出结论说感觉本身是无。"——根本不是。感觉不是某样东西，但也不是无！结论只能是，无所起的作用跟那种我们对它什么也不能说的东西所起的作用是一样的。我们只不过在此拒绝那种企图强加于我们的语法。

我们只有彻底抛弃某种观念，这一悖论才会消失。这种观念认为语言总是以一种方式发挥作用，始终服务同一个目的：传达思想——这些思想可以是关于房屋、疼痛、善恶或任何你想说的东西。

维特根斯坦自己在《逻辑哲学论》里所犯的错误，和奥古斯丁在《忏悔录》里所犯的错误，都是我们**所有人**在打算用思想、欲望等并不是**无**（nothing）的某种对策来反驳行为主义时都会犯的错误。不，它们并不是无，跟行为也不相同。但它们也不是**事物**，我们想它们成为事物的唯一理由是我们犯了一个错误的语言观，即认为每一个有意义的词都会对应某个**对象**。《哲学研究》——也可以说维特根斯坦的整个后期哲学——以抨击对语言本质的误解作为开始和结束。但是，这不是那种以单独一个论证就可以彻底消除的错误，因为它会以不同的模样再次出现在不同的语境中，这就是为什么不能以一门**学说**来有效地反对它。

第十章 以正确的态度阅读维特根斯坦

这本书是为那些对它书写的精神抱友爱态度的人而写。我认 94
为，那不是欧洲和美国文明主流的精神。这种文明的精神在我们时
代的工业、建筑和音乐、在它的法西斯主义和社会主义中使自己显
而易见，它对本书作者来说陌生而不合适。这不是一种价值判断。
的确，他并不把现在被误认为是建筑的东西认为是建筑，或者没有
带着最大的怀疑（虽然不理解其语言）来对待所谓的现代音乐，但
是，尽管艺术消失，我们仍然没有权利对编造这种文明的人作出贬
低的判断。因为，在这些时候，真正强大的人物只不过撇开艺术，
转向其他事物，个人的价值总是会找到表达的方式。诚然，并不是
以在一个文化高度发达的时候那样的表达方式。文化像是一个大型
企业，向每一个职员指定一个地方，让他可以在那以整体的精神来
工作；依据他对整个企业所做的贡献来评估他的能力完全是公正 95
的。另一方面，在没有文化的年代，个人会用尽力量来战胜反对力
量和因摩擦而起的对抗；但是，能量依然是能量，即使我们的年代
没有给我们提供一幅可以形成一部伟大的文化作品的壮观场面，而
其他最好的人对同样伟大的目标也作出贡献，就像在一群平庸之众
中其最好的成员为纯粹私人目的而努力一样，但是我们一定不能忘

记那种场面并不是关键。

于是我意识到一种文化的消失并不意味着人文价值的消失，只不过是表达这种价值的某种手段的消失，但我对欧洲文明的潮流不抱友爱态度和不懂它的目标（如果它有的话）这个事实依然存在。因此我是真正为散布在全球各个角落的朋友写这本书的。

平常的西方科学家是否理解或欣赏我的书对我来说都是一回事，因为无论如何他都不会理解我写这本书的精神。我们的文明具有"进步"这个词的特征。进步是其形式，而不是使进步成为它其中的一个特征。通常，它起构建的作用。它忙着构建一个更为复杂的结构。甚至追求清晰也只是达到这个目的的手段，而不是目的本身。对我来说，恰恰相反，清晰、明白本身具有价值。

我没有兴趣建造一个建筑物，正如没有兴趣对可能的建筑物的基础有一个清晰的观点。

96　　　因此，我并没有像科学家那样针对同样的目标，而我思考的方式跟他们的也不同。

（《哲学评论》前言的前期草稿，1930）

把后期的维特根斯坦理解为行为主义者相当于把早期的维特根斯坦理解为逻辑实证主义者。这两点都是任何认识维特根斯坦或了解维特根斯坦是一个什么样的人的人不可能犯的错误。而且，正如当保罗·恩格曼决定出版他跟维特根斯坦的往来信件来消除他所知道的对《逻辑哲学论》的根本的误解时，维特根斯坦在牛津的朋友莫里斯·德鲁里也决定出版他和维特根斯坦在19世纪三四十年代的谈话笔记，照他的说法，来纠正那些"出于好意的评论家"的影响，他们如此这般评论，仿佛"现在很容易把维特根斯坦的著作融入到那种学术环境[①]（intellectual milieu）中去，而他的著作在很大程度上就是针对那种环境而提出的警告"。

德鲁里跟维特根斯坦的谈话对于了解什么东西**真正**令维特根斯坦感兴趣是极为有用的。这些谈话充满对伦理、宗教和文化的思考，以及显示了维特根斯坦是如何强烈地反对我们具有时代特征的科学崇拜。这些谈话也显示了——在维特根斯坦的哲学著作里几乎是完全缺失的——维特根斯坦是如何地崇拜古典音乐时代伟大的作曲家。德鲁里讲述了一个很有代表性的插曲，有一次维特根斯坦神情沮丧地来看他。德鲁里问发生了什么事，维特根斯坦回答说：

> 我在剑桥漫步，经过一家书店，橱窗里挂着罗素、弗洛伊德和爱因斯坦的画像。再走几步，在一家音乐商店里，我看到贝多芬、舒伯特和肖邦的画像。对比这些画像，我强烈地感觉到了那可怕的堕落，在仅仅一百年里，这一堕落就降临到人类的精神之上了。

97

维特根斯坦忧心忡忡，他最关心的东西在他的哲学著作里找不到直接的表达，因此使人对他产生了根本的误解。"要我在书里用一个词说出音乐在我生命中意味着的一切是不可能的，"有一次他告诉德鲁里，"那么我怎么可能期望得到理解呢？"

这就是他要写上面引述的那篇序言的原因：试图表达他写作

---

① 此处指当时主流的经院哲学。——译者注

的**精神**，认为那种精神对他来说是何等的重要，它不仅跟贯穿于现代西方文明中的精神不一样，而且实际上还是**反对**它的。

在另一方面，关于这一点，他意识到某种悖论：

> 对一个人说他不理解的东西是没有意义的，即使你加上一句他不会理解也是一样。（这种事经常会发生在你爱的某人身上。）如果你有一间屋子，又不想某些人进来，那就给它装一把他们没有钥匙的锁。但跟他们谈论这间屋子是没意义的，当然，除非你想他们只是从外面赞美这间屋子！

> 体面的做法是，给门装一把只有那些可以打开它的人才注意得到的锁，而其他人则注意不到。

98　"但是，"他又说，"说我认为这本书跟欧美进步的文明毫无关系是恰当的。不过，即便只有在这种文明的环境下，这本书的精神才有存在的可能，它们的目标却是大相径庭的。"

维特根斯坦对于人们对他写作的精神的理解有所顾虑是对的，这一点以下事实得到了证实：甚至到了现在，随着恩格曼的回忆录、德鲁里的谈话笔记和维特根斯坦写的《哲学评论》序言的各种草稿出版后，（a）鉴于他的综合**世界观**（*Weltanschauung*），他不可能持有的哲学观点；以及（b）正如德鲁里所说，那些融入到他的著作所警告的学术环境中的部分哲学观点，依然被认为是出自维特根斯坦。

第十一章　理解他人、理解自己：
无法测定的证据

对于情感表达的真实性，有没有"专家判断"这样的东西
呢？——即使在这里，也是有些人的判断"较好"，有些人的判断
"较差"。

更准确的预测来自那些对人类有较好认识的人所作的判断。

我们能学会这种认识吗？是的，一些人能。但是，不是通过
学习课程，而是通过"**经验**"。——另一个人在这方面可以做他的
老师吗？当然能。他时不时地给他一些正确的提示。——这里的
"学"与"教"看起来就是这样。——人们在此学到的不是一门技
术，而是在学习正确的判断。这里也有规则，但它们还没有形成系
统，只有有经验的人才能正确地运用它们。这不同于计算规则。

这里最困难的是把这种不确定性准确无误地用话语表达
出来……

当然可以用证据使人们相信某人处在某种心理状态，比如，
某人不是在假装。但是，这里的"证据"包括"无法测定的"
证据。

问题是：无法测定的证据能**做**什么？

假设有一些无法测定的证据表明了某种物质的化学（内在）

结构，那么还是需要某种可以测定其结果的东西来证明它本身是证据。

（无法测定的证据也许使某人相信一幅图画是真的……但是通过文献资料来证明它是正确的也是可能的。）

无法测定的证据包括眼神、手势、音调的细微差别。

我也许会认出真正爱恋的目光，并把它跟假装的爱恋目光区别开来（当然，这里有一种关于我的判断的"可测定的"证据）。但是，我也许很可能描绘不出它们的差异。这不是因为我知道的语言没有相应的词。因为，如果这样的话，为什么不引入新的语言？——如果我是一个很有才华的画家，我也许能清楚地表达真实的和假装的目光。

问问你自己：一个人如何学会获得对某事物的"洞察力"的？以及如何才能使用这种洞察力？

（《哲学研究》第二部分）

《哲学研究》现在的第二部分是关于心理哲学的评论集，它代表了维特根斯坦在他生命的最后几年所写的关于这一主题的一小部分手稿。这些手稿现已以书名《心理学哲学评论》和《关于心理学哲学的最后著作》出版。它们很有意思，尤其是出现在《哲学研究》结尾处就"无法测定的证据"（imponderable evidence）的暗示性说明所留之线索。

我已经强调过，维特根斯坦后期著作中的一个中心主题是保持**非科学**形式理解的统一性，即艺术所特有的那种理解，以及歌德、斯宾格勒和维特根斯坦所寻求的防止受到科学和科学主义侵害的那种理解。科学方法和以音乐、艺术、哲学和日常生活为例的非理论性理解之间最重要的一个区别是，科学方法的目标是为了达到某个程度上的一般性，它有必要避开这些其他形式的理解。这就是为什么对人的理解从来不是一门科学。比如，要理解一个人就是要能辨别他是否说真心话，他的情感表达是真实的还是假装的。以及，一个人是如何获得**这种**理解的？这就是维特根斯坦在上面引述的评论中所提出的问题。

在维特根斯坦看来，**专家**对人进行判断所依据的证据是"无法测定的"，它与科学所具有的一般性的表述方式，或甚至跟法定证据所特有的测定方法相抵触。

然而，我们在这里处理无法测定的证据这一事实，不应该对我们产生误导，以致于使我们认为所有对人的理解的主张都是带有欺骗性质的，或是基于不可靠的基础。当维特根斯坦有一次跟朋友德鲁里讨论他最喜欢的小说《卡拉马佐夫兄弟》时，德鲁里提到，他发现佐西玛神父这个人物令人印象非常深刻。关于佐西玛神父，陀思妥耶夫斯基说：

> 许多人说，佐西玛神父准许人们到他那儿敞开心扉、征求他的忠告和治愈的话语，这么多年下来，他的灵魂吸纳了如此多的秘密、伤心事和坦白，结果他获得了如此精细的洞察力，只要看一眼陌生人的脸，就知道他来是为了什么，他想要什么，是何种痛苦折磨着他的良心。

102

当德鲁里把这一段话念出来的时候，维特根斯坦说："是的，确实有那样的人，他们可以直接看进别人灵魂并给他们忠告。"

《哲学研究》最经常被引用的其中一句格言说："内在过程需要外在的标准。"很多人引用这句格言来支持如下一种看法，即认为维特根斯坦是某种行为主义者。这种看法是需要反对的。反对它的一种方法就是要意识到，在所有的无法测定性中，维特根斯坦有多么强调需要那种对"外在的标准"的敏锐感觉。不过，我们在哪里才能获得如此敏锐的感觉呢？通常不是在心理学家的著作中去获得，而是在杰出的艺术家、音乐家和小说家的著作中去获得。"目前，"他在《文化与价值》中说，"人们认为科学家的存在是为了教育他们，诗人、音乐家等给他们愉悦。**后面这些人可以教他们一些东西**的想法——他们没有想到。"诗人和音乐家等人应该教我们什么东西呢？那么，就说一件至关重要的事情：无法测定的证据对于理解我们周围的人的重要性。

"无法测定的证据"这个概念有点不容易把握，而且有迹象显示维特根斯坦自己至少有时也会对它表示怀疑。在以书名《关于心理学哲学的最后著作》出版的手稿集其中的一份手稿中，他问自己："'**无法测定的证据**'是什么意思？"然后他又说，似乎要供出事实："让我们说实话吧！"他接着说：

103

　　　　我告诉某人，对于这个主张我是有理由或者有证据的，但它们是"无法测定的"。

　　　　那么，**比方**说，我看见一个人投向另一个人的目光。我说："如果你看见了这种目光，你就会说同样的话。"也许，另一次我让他看见这种目光，那时他就相信了。这是**一种**可能性。

无法测定的证据能做什么呢？以及：人们有什么理由称它为"证据"？然而，令人失望的是，他给出的答案也许是含糊的：

这里一个重要的事实是，我们学会某些东西，只有通过长期的经验而不是通过学校里的一门课程。比方说，一个人怎样形成行家（connoisseur）的眼光？例如，某人说，"这幅图画不是某某大师画的"——那么他作出的这个陈述不是一个审美判断，但可以通过文献加以证实。他也许不能对自己的判断给出任何充足的理由。——他是怎样学会这个的呢？会不会有人教过他？是的。——不过并不是像人们教算术那样。这需要丰富的经验。也就是说，学习者也许必须重复地去观察各位大师的画，对它们进行比较。在这个过程中，人们可能会给他提示。嗯，这就是学习的过程。然后，他观察一幅画并对它作出判断。在大多数情况下，他能对他的判断列出理由，但是通常来说，这些理由并不令人信服。

两段之后："比如，一个行家无法让一个评判委员会理解自己。换句话说，他们会理解他的陈述，但不理解他的理由。他可以给另一个行家一些暗示，后者就会理解这些暗示。" 104

那么，"无法测定的证据"是什么意思呢？它是具有以下特征的证据：

1. 它可以**视为**对某一特定的判断的证据，但通常除了作为对那个判断的证据之外，不能做其他描述（比如，"你怎么知道你爸爸不喜欢你男朋友？""从他看他的眼神我就可以知道""他是怎样看他的？""嗯，……他似乎不喜欢他"）。

2. 证据的价值会因经验和人对证据的理解的不同而不同，这几乎是测定此类证据的**唯一方法**，因为……

3. 诉诸任何一般原则或普遍规律体系，是不能评估、测定和考虑这个证据的。

在所有这些方面，无法测定的证据与**科学的**证据形成了鲜明的对比。

在维特根斯坦最后的著作中，无法测定的证据这个概念，一方面是作为把自己与那些指望科学提供心理洞察力的人拉开距离的一种途径，另一方面是与那些深信理解另一个人并进入到他们的内心生活是不可能的人文学科从业者拉开距离的一种途径。在关于传记的哲学讨论中，有时人们会主张（引用传记作者和文学理论家大卫·埃利斯的话）："了解一个人是什么样的人，会涉及试图重构他们所谓的内心独白。"既然我们无法进入除自己以外的任何人的"内心独白"，埃利斯把我们能理解另一个人的这个主张称为"友善的假装"（affable pretence）。

维特根斯坦关于心理学哲学的最后著作对于避开这种站不住脚的怀疑主义非常有帮助。这一点体现在《关于心理学哲学的最后著作：内在与外在》（卷二）的内容之中：

> 为什么我们不能肯定某人不是在伪装？——"因为我们不能看到他的内心。"——但是，如果你能，你会在那里看到

什么？——"他隐秘的思想。"——但如果他只是用中文说出来。那么你又该看什么？——"但我无法肯定他是否真实地说出来！"——但是，你又该看什么才能发现他是否真实地把它们说出来？

即使我现在听他对自己在说的一切，但我仍然对其所说的话指的是什么所知甚少，就像我读到一篇故事中间的**一句**话一样。即使我知道他心里现在所经历的一切，我仍然不知道，比如，名称和形象在他的思想里跟谁有关系。

"只有在特殊情况下，内在之物才对我隐藏起来，"在几页之后维特根斯坦提醒我们说，"不过，在那些情况下，它并不是因为是内在的才隐藏起来。"

"的确，通常，"他说，"我可以像我感觉到的那样去描述（一个人）的内心，但不能描述他的外在。"他没有给出任何例子，但是，想到他心里想的那种事情并不难。如果我儿子刚刚把整个夏季都在打的电脑游戏通关，这时有人问我他看起来怎样，我也许会回答说："他看上去高兴又得意。"如果有人问我女儿在上学的第一天看起来怎样，我会回答说："她看上去紧张又犹豫。"

说别人紧张、犹豫、高兴或得意，其实是说他们处于某种心理状态，因此，在像埃利斯那样的人看来，也是进入到另一个人的"内心"感觉而做出的"友善的假装"。但是，当我们像那样说话的时候，我们忘记了我们是用这些词语最普通的方式来描述人们的**样子**，因此，在某种意义上，也是描述他们的"外表"。

106

　　维特根斯坦这部有关心理学的最后著作如此精彩之处在于，在这些文字所表达的细微差别当中，它们保留了可供我们参考使用的、对他人所作的丰富多样的心理描述。而他在《哲学研究》前半部分提出的"语法虚构"① 被证明是至关重要的，因为这些语法虚构不仅在澄清哲学问题的道路上设置了障碍，它们还妨碍了我们对艺术、音乐、文学，以及尤其是对我们自身的充分理解。

---

① "语法虚构"这个概念没有一个标准的定义。黄敏教授认为，到目前为止，它没有一个标准的定义，对它也很难下定义。蒙克教授也写邮件跟我说，最好别对它下定义，关于这个概念有大量的文献，但是对它的任何定义都会引起争议，而且很多人都认为维特根斯坦自己也不知道它准确的意思是什么。本人参考张学广著作《维特根斯坦与理解问题》（第 312—317 页），试着对这个概念作一个概述：我们用语言行事，语言的表达形式会在我们心中留下深刻印象，但这些印象会慢慢蜕变为一些幻象，造成影响我们语言使用的一些语法幻象（grammatical illusions，《哲学研究》，第 110 段。在本人看来，似乎就是不正确的语法）。语言表达形式强加给我们关于"内在过程"的图像及其派生物，"妨碍我们看清这个词的使用"，从而形成"语法虚构"（《哲学研究》，第 307 段）。语言表达形式所造成的这些语法幻象和虚构，作为原材料，会吸引我们的注意力，对其着力加以（错误的）解释，导致各种令人困惑的哲学问题；这些解释也是我们对语言的使用力图达到理解、达到明晰的种种努力。但解释活动在这些地方往往帮了倒忙，使我们远离了对事情本来面目的正确理解。——译者注

维特根斯坦生平年表

1889.4.26，出生于维也纳，卡尔和莱奥波尔迪娜·维特根斯坦排行第八、最小的孩子。

1903.6，在林茨上中学。

1906—1908，在柏林夏洛滕堡工学院学习。

1908—1911，在曼彻斯特攻读航天工程学。

1911，来到剑桥跟罗素学习。

1913，在《剑桥杂志》发表一篇对科菲《逻辑科学》的评论。

1913—1914，在挪威独居，致力于解决逻辑问题。

1914—1916，回到维也纳，度过夏季后打算回挪威。

1914—1918，首先在俄国前线为奥地利军队而战，接着在意大利前线。

1918—1919，作为战俘在意大利待了一年；完成了《逻辑哲学论》。

1919—1920，在维也纳受训成为学校老师。

1920—1922，在下奥地利州特拉滕巴赫一所小学教书。

1922—1924，在普赫贝格一所小学教书；《逻辑哲学论》出版；弗兰克·拉姆塞来访。

1924—1926，在奥特塔一所小学教书。

1926—1928，在维也纳任职建筑师。

1929，回到剑桥，跟弗兰克·拉姆塞学习。

1930，拉姆塞逝世。

1930，开始在剑桥授课。

1933—1934，向学生口授《蓝皮书》，取代讲课。

1934—1935，向一群选中的学生口授《褐皮书》。

1935，访问苏联。

1936—1937，在挪威居住，完成了如今的《哲学研究》的第一部分的大部分内容的写作。

1938.3.12，奥地利和纳粹德国合并；成为德国公民。

1938.4，加入英国籍。

1939.2.11，当选剑桥大学哲学教授。

1941—1942，在伦敦盖伊医院做护工。

1942—1944，在纽卡斯尔一个医学研究项目中担任实验室助理。

1944—1947，在剑桥授课。

1947，辞去剑桥教授职位。

1947—1949，在爱尔兰居住，完成了如今的《哲学研究》的第二部分的写作。

1950，最后一次回奥地利。

1951.4.28，于剑桥逝世。

延伸阅读

主要材料

'A Lecture on Ethics', *Philosophical Review*, LXXIV, 1968, pp. 4–14

Last Writings on the Philosophy of Psychology, *I*, Oxford, Blackwell, 1982

Last Writings on the Philosophy of Psychology, *II*, Oxford, Blackwell, 2001

Notebooks on Logic 1914-16, eds. G. E. M. Anscombe and G. H. von Wright, Oxford, Blackwell, 1961

Philosophical Grammar, Oxford, Blackwell, 1974

Philosophical Investigations, Oxford, Blackwell, 1953

Philosophical Remarks, Oxford, Blackwell, 1975

Remarks on the Foundations of Mathematics, Oxford, Blackwell, 1967

Remarks on the Philosophy of Psychology, *I*, Oxford, Blackwell, 1980

Remarks on the Philosophy of Psychology, *II*, Oxford, Blackwell, 1980

'Review of P. Coffey, *The Science of Logic*', *Cambridge Review*, XXXIV(1913), p. 351

'Some Remarks on Logical Form', *Proceedings of the Aristotelian Society*, IX, 1929, pp. 162–71

The Blue and Brown Books, Oxford, Blackwell, 1975

Tractatus Logico-Philosophicus, trans. C. K. Ogden and F. P. Ramsey, London, Routledge, 1922

Tractatus Logico-Philosophicus, trans. D. F. Pears and B. F. McGuinness, London, Routledge, 1961

二手材料

Carey, Alice and Rupert Read, eds., *The New Wittgenstein*, London, Routledge, 2000

Conant, James, 'The Method of the *Tractatus*', in Erich H. Reck, ed., *From Frege to Wittgenstein: Perspectives on Early Analytic Philosophy*, New York, OUP, 2002, pp. 374–462

Diamond, Cora, *The Realistic Spirit*, Cambridge, Mass., MIT Press, 1991

Drury, M. O'C., *The Danger of Words*, London, Routledge, 1973

Ellis, David, *Literary Lives*, Edinburgh University Press, 2000

Engelmann, Paul, *Letters from Ludwig Wittgenstein with a Memoir*, Oxford, Blackwell, 1967

Kripke, Saul, *Wittgenstein on Rules and Private Language*, Oxford, Blackwell, 1984

Monk, Ray, *Ludwig Wittgenstein: The Duty of Genius*, London, Cape, 1990

Ramsey, F. P., 'Critical Notice of L. Wittgenstein's *Tractatus Logico-Philosophicus*', *Mind*, XXXII, October 1923, pp. 465–78

Russell, Bertrand, *Logic and Knowledge: Essays 1901–1950*, London, Routledge, 1992

索引

（索引页码为原书页码，即本书页边码）

译后记

> "你可能知道如何阅读《序曲》，但还是要
> 学会如何阅读《荒原》。"

2017 年 8 月，我在微博上发现博友张宏老师的一条微博，关于她读《维特根斯坦传：天才之为责任》的心得：

（维特根斯坦）可以碾压众人的智商，又一副 child-like innocent 的面孔，偏爱以类比暗喻表述复杂抽象的概念，真是妙趣横生。"Humour is not a mood but a way of looking at the world." 幽默感（还有温柔心），是上帝的礼物。

没有读过维特根斯坦的相关专著，仅从这本传记拾得些关于哲学与审美的思想碎片，"Thinking is sometimes easy, often difficult but at the same time thrilling"。引我心酸泪目的是维特根斯坦无尽的自我审视，几乎是时时刻刻的灵魂拷问。他选择坦露心迹，甚至公开忏悔。知行合一的人，我选择仰视。

维特根斯坦说，"天才是一种依靠勇敢去实践的才能"。或许，只有以自由意志尽力活过这一生，才能在最后一刻说出："Tell them I've had a wonderful life"。

别人的人生再精彩，也只是别人的，围观之后，自己的人生又怎样了呢？维特根斯坦说："what is the use of studying philosophy if all that it does for you is enable you to talk with some plausibility about some abstruse questions of logic, and if it does not improve your thinking about the important questions of everyday life?"

这篇读书札记写得真好，虽然感性，跟专业的哲学写作不同，但那浅浅的文笔透露出深深的哲理（董桥先生写维特根斯坦是"不皱眉头的哲学家"）。我非常喜欢，读过很多遍。自从读了她的这篇心得，我就迷上了维特根斯坦。这几年来，不知道为什么，哲学似乎有一种魔力，令我着迷，深陷其中，无法抗拒哲学对我的诱惑。虽然我以前也知道维特根斯坦，也翻过几年前在广州书展购得的 David Pears 所著英文版传记《维特根斯坦》，但因为维特根斯坦生前所出版的唯一著作是《逻辑哲学论》，看到"逻辑"两个字，就令人却步。所以也没有认真去读维特根斯坦的书，以及关于他的书。只知道他几句比较有名的格言而已。后来读过一篇罗素的文章才知道，逻辑原来是哲学的本质。真正的哲学论题，都可以还原为逻辑问题。

　　"如何阅读"是一个系列，目前已出版超过十种，研究主题多为哲学家。正如丛书编辑在"前言"里说：在某种程度上，这套丛书的每一本书都可以当作是一种阅读的深造。每个作者会从作家的著作中挑选大约十个简短摘录，对它们进行详细解读，这是呈现他们中心思想的一种方法，以便打开一个整体思想的大门。

　　而对天才哲学家维特根斯坦的解读从来没有停止过，对他的解读的争议也没有停止过。本书作者蒙克教授认为，在维特根斯坦思想的根源里，是他抵制我们这个时代的科学主义特征的决心，是他坚持对于理解的非科学形式的统一和自主的决心。维特根斯坦试图澄清的、我们在哲学中寻求的那种理解，跟我们寻求的对人、音乐或者一首诗的那种理解是相似的。虽然维特根斯坦书写跟其他分析哲学家著作中占主导地位的同样的主题——逻辑的本质、语言的界限、意义的分析——他以一种独特的诗歌风格将自己的著作跟他同辈的著作鲜明地区分开来，并使"如何阅读他"这个问题变得尤其重要。

　　在翻译本书的过程中，我专门去中山大学哲学系拜访并请教了维特根斯坦专家黄敏教授。除了请教他一些术语的翻译和一些难句的理解，还请教了他如何阅读维特根斯坦。黄教授的看法是，《逻辑哲学论》是一本经典哲学著作，读懂它不容易。读懂它之前，要读逻辑，尤其是弗雷格和罗素的逻辑，还有罗素和怀特海合著的《数学原理》。读懂了《逻辑哲学论》，才可以继续读《哲学研究》，而维特根斯坦去世后出版的其他著作和关于他的评论著作或传记，都是辅助性读物。

　　这里我首先要感谢博友"知往不知来"张宏老师，她在重庆大学外国语学院教英文，前年（2017）到英国伦敦大学学院的古典系访学一年，在访学期间买了原版《维特根斯坦：天才之为责任》来读，并写下优美的阅读心得，贴在微博上分享。如果没有她这一条微博的启发，可能也就没有这本书的翻译。在翻译本书的过程中，遇到一些令我困惑的句子，我也请教她，而她是不遗余力地给予帮助。这是一次多么美好的邂逅。感谢本书作者蒙克教授，他不仅应允了本书的中文翻译，帮忙联系版权事项，还答应写一篇中文版序言（虽然我等了一个多月）。感谢中山大学哲学系教授、维特根斯坦专家黄敏老师，黄老师不仅回答了我请教的问题，给予专业中肯的意见，还送我两本书（一本是他撰写的《维特根斯坦的〈逻辑哲学论〉》，另一本是他翻译的《逻辑与罪》）——他给予了一种哲学的慷慨。感谢大侠——深圳报业集团《晶报》总编胡洪侠，为我引荐浙江大学出版社北京启真馆。感谢本书责任编辑王志毅先生、编辑张兴文老师、版权负责人刘纹羽女士的热情支持和鼎力协助。

最后要感谢的是我没有见过面的爷爷：几年前在粤北韶关乡下祖屋翻找旧物时，找到了他在 1949 年买的艾思奇著《如何研究哲学》。我想，我喜欢哲学，可能来自爷爷的遗传。

翻译本书中所引用的维特根斯坦的原著引文时，参考了贺绍甲的《逻辑哲学论》、王平复的《逻辑哲学论》（英汉对照）、蔡远的《哲学研究》（英汉对照）和王宇光的《维特根斯坦传：天才之为责任》的译文。个别地方稍有改动。

翻译此书时，诚惶诚恐。错误在所难免，请专家提出批评指正。

徐斌

于广州

2019 年 2 月

图书在版编目（CIP）数据

如何阅读维特根斯坦 /（英）瑞·蒙克著；徐斌译 .
—杭州：浙江大学出版社，2021.3（2025.10重印）
书名原文：How to Read Wittgenstein?
ISBN 978-7-308-20987-8

Ⅰ . ①如… Ⅱ . ①瑞… ②徐… Ⅲ . ①维特根斯坦（
Wittgenstein，Ludwig 1889—1951）—哲学思想—研究
Ⅳ . ① B561.59

中国版本图书馆 CIP 数据核字（2020）第 265004 号

如何阅读维特根斯坦

［英］瑞·蒙克　著　徐斌　译

责任编辑	王志毅
文字编辑	宋　松
责任校对	董齐琪
装帧设计	周伟伟
出版发行	浙江大学出版社
	（杭州市天目山路 148 号　邮政编码 310007）
	（网址：http://www.zjupress.com）
排　　版	北京辰轩文化传媒有限公司
印　　刷	北京天宇万达印刷有限公司
开　　本	880mm×1230mm　1/32
印　　张	4
字　　数	86 千
版 印 次	2021 年 3 月第 1 版　2025 年 10 月第 3 次印刷
书　　号	ISBN 978-7-308-20987-8
定　　价	49.00 元